KB167034

장르 만화의 세계

차례
Contents

만화에서 장르의 의미

장르의 의미

'장르(genre)'는 우리에게 낯선 단어가 아니다. 이 단어는 영화나 대중음악 등의 광고 카피와 기사에 빠지지 않고 등장한다. 국어 시간에 배운 문학의 장르는 작품 자체의 특징에 따라 엄정한 규칙에 의해 시, 소설, 희곡, 수필 등으로 나뉜다.

우리는 이미 규정되어진 장르를 배우고, 그 장르가 생산되고 소비되는 과정에 특별한 의미를 두지 않는다. 그러나 문학사에서 장르도 작품과 독자와의 관계를 통해 형성된다.

문학에서 장르는 제시 형식이다. 제시 형식은 문학이 독자(청중 또는 관객)에게 어떻게 향유되는가의 문제다. 서사시는

청중 앞에 낭송되고, 소설은 인쇄되어 읽히고, 희곡은 시연된다. 장르는 고정되어 있지 않고 내적·외적인 요인들에 의해 생성되고 발전하며 소멸한다. 특정 장르가 '주류화'되어 당대의 정전(正典)이 되기도 하고 주류 장르가 '변두리화'되고 소멸되는 변화를 겪기도 한다.

새로운 장르는 옛 장르들의 변형이거나 조합이다. 이것은 새로운 장르란 반대 장르나 패러디로 대표되듯이 선행 장르들에 대한 모방의 여러 범주임을, 그리고 혼합에 의해서 해체라는 이름의 근본적인 장르 변화가 일어남을 의미한다.[1]

영화나 대중음악 그리고 애니메이션이나 만화와 같은 대중문화는 문학 장르의 생성, 발전, 소멸보다 더 극심한 변화를 겪는다. 문학 장르보다 더 직접적으로 상업적인 시스템의 영향을 받기 때문이다. 전통적으로 문학 장르가 서서히 변화하는 데 비해 대중문화의 장르는 그 변화와 속도가 급격하다. 심지어 대중문화의 장르는 배급업자와 마케팅 광고 기획자의 손에서 만들어지고, 신문기자나 평론가의 손끝에서 변화되기도 한다. 구회영은 『영화에 대해서 알고 싶은 두세 가지 것들』에서 장르에 대해 "영화의 가장 자본주의적인 존재양식"이라고 적고 있다.

대중문화에서 장르는 '제작과 유통, 배급'이라는 물질적 조건의 결과물로 탄생하기 때문이다. 일정한 장르는 수용자들에게 소비되는 한 유사한 스타일로 재생산된다. 그러나 수용자들에게 거부당하는 순간 장르는 소멸되어간다. 탄생과 소멸에 있어 자본과 가장 밀접한 연관을 맺고 있으며 자본주의적 존재양식을 드러내는 것이 바로 '장르'이다.

최근에는 소설 등에서 대규모 광고에 의존하여 '광고 카피'가 붙고 상업적인 장르 구분이 시도되기도 하지만 영화나 대중음악처럼 '장르'가 그 작품을 설명하는 핵심적인 키워드는 아니다.

엔터테인먼트는 새로운 장르를 생성하고 소멸시킨다. 독특한 개성의 작품이 등장해 그 작품이 커다란 인기를 얻고 이후 그 작품의 특징적 요소들이 다른 작품들에서 계속 새롭게 해석되는 순간, 하나의 장르가 탄생한다. 서태지의 데뷔곡 「난 알아요」 이후 댄스 비트에 멜로디와 랩이 결합된 음악인 '랩 댄스'라는 장르가 탄생했고, 영화 「퇴마록」의 광고 카피인 '한국형 블록버스터'는 이후 상대적으로 많은 자본이 투자된 (할리우드의 블록버스터에는 턱없이 못 미치지만) 액션과 볼거리가 많은 한국 영화를 부르는 이름으로, 마치 하나의 장르처럼 통용되고 있다.

대중문화에서 본격적인 장르의 탄생은 영상물의 상업적 황금기를 처음으로 구현한 할리우드 영화를 통해 시작되었다. 프랑스에서 태어난 새로운 테크놀러지인 '영화'는 양대 세계대전으로 화염에 휩싸인 유럽대륙을 피해 대서양 건너 미국에서 꽃을 피웠다. 그리고 1930년에서 1950년까지 할리우드는 '할리우드식 고전주의 시대'를 통해 장르의 모든 것을 정착시켰다.

영화사업이 번창하자 스튜디오들도 돈을 벌기 시작했다. 그런데 이들 스튜디오는 주로 작품 제작과 배급 수입보다는 극장 운영 수입에 많은 관심을 가졌다. 1950년대까지 메이저 스튜디오들(MGM, 20세기 폭스, 워너 브러더스, 파라마운트, RKO)은 영화 제작뿐만 아니라 직영 배급회사를 통해 자신들의 통제 아래 있던 극장에 작품을 공급하는 역할도 했다. 할리우드의 관객 동원이 정점에 달했을 때인 1940년대 중반 무렵, 5대 메이저들은 25개 대도시의 163개 개봉관 중 126개를 통제했다. 이 극장에 드나드는 관객들은 스튜디오들에 막대한 수입을 제공했을 뿐만 아니라 영화 제작과 영화 자체의 일반 경향을 결정했다.2)

당연히 스튜디오들은 수많은 극장에서 큰 수익을 얻는 작품보다는 자신의 극장에 많은 사람을 끌어들일 방법을 고민했고, 빠른 시간에 새로운 영화를 생산하는 시스템을 정착시켰다. 이 시기 스튜디오들은 감독과 배우를 전속으로 기용하여 특색을 살렸을 뿐만 아니라 영화사를 대표할 수 있는 주력 장르를 한 가지씩 정해 영화를 만들었다(워너는 탐정 영화를, 유니버설에서는 환상 영화를 주로 만들었음). 아울러 조력회사들도 영화사의 특색을 살리는 데 한몫했고, 경영자들 또한 영화사의 특성화와 깊은 관계가 있었다.3) 감독들의 재량보다는 메이저 스튜디오의 원칙에 의해 시나리오가 만들어지고, 늘 유사한 역할을 한 배우가 기용되고[에럴 플라인(Errol Flynn)이 모험 영화의 주인공이 되고, 게리 쿠퍼(Gary Cooper)가 서부 영화의 카우보이로 등장하는] 감독은 시나리오와 배우의 패턴대로 영화를 찍었다. 이러한 스튜디오 시스템 속에서 장르는 탄생했다.

미국 대법원은 1948년 독점금지법을 적용해 영화의 제작과 흥행 부문의 분리를 결정했다. 제작-배급-상영에 이르는 수직 계열체인 영화산업은 특성별로 분리되어갔고, 가장 강력한 경쟁매체인 텔레비전의 출현과 함께 독점금지법에 의한 흥행 부문의 분리는 전형적인 할리우드 스튜디오 시스템의 종말을 가져왔다. 그러나 이미 할리우드는 영화의 어떤 핵심적인 내러티브가 관객들에게 호응을 받으며, 그것의 반복을 어떻게 이용하는가에 대한 모범답안을 보유하고 있었다. 할리우드의 황금기에 스튜디오들은 대중의 기호에 맞는 이야기를 담아내는 가장 효율적인 방식을 정리했기 때문이다. 이 방식은 비슷한 스타일의 영화를 구분하는 분류법으로 자리잡았고 '장르'라 불리게 되었다. 관객들은 스튜디오의 장르 영화 중에서 자신의 취향에 맞는 장르를 소비했다. 장르는 작품과 관객을 이어주는 상업적인 안전판이었다. 할리우드 영화가 발전시킨 장르는 서사 장르의 대중적 유산(대중들이 좋아하는 이야기의 익숙한 패턴)을 포괄하는 것이었다.

시나리오 작가들이 연극과 문학에서 발전되어온 내러티브 전통을 세련되게 만드는 동안 제작자와 상영업자들은 이전 시대의 대중오락에서 개발되어온 상업적 잠재 능력을 진전시켰다. 영화산업이 10대 후반의 나이에 이르러 장편 극영화의 표

준화를 완성했을 무렵 이 매체가 물려받은 유산이 매우 복합적이라는 사실이 분명해졌다. 이제 영화들은 그들의 뿌리를 고전 문학과 베스트셀러 펄프 애정소설에 두었고, 보드빌과 뮤직홀뿐만 아니라 정통 연극에 두었으며, '진지한 예술'과 미국 '대중오락'의 전통 양쪽에 두게 되었다.[4]

제시 형식으로 구분되는 문학의 장르와 달리 할리우드 스튜디오의 황금기에 탄생한 영화 장르는 보다 직접적으로 시스템의 영향을 받으며 탄생한다. 장르 영화는 누적과정에 의해 관객과 친숙해지며, 제작자는 관객들이 친숙하게 볼 수 있는 장르를 만들고, 배급업자는 관객들이 선호하는 장르를 배급한다. 이것은 하나의 평가 시스템을 이루며 장르 자체가 '시스템화'된다. 예술과 오락의 내러티브적 전통을 받아들인 할리우드의 장르 영화는 1950년대까지 대중문화에서 독점적 지위를 누리며 다른 대중문화, 특히 서사 장르의 갈래 형성에 깊은 영향을 주었다. 드라마나 서사 만화, 대중소설 등은 이후 영화의 장르들에 기초해 그것의 변형과 해체를 통해 자신의 장르를 형성했다.

만화에서 장르의 의미

장르 만화에서 장르를 이야기하는 것은 특정 장르의 만화를 이야기하는 것도, 장르 만화의 모든 작품을 이야기하는 것도 아니다. 특정 장르를 그렇게 이름짓고 구분하도록 하는 관습의 체계를 이야기하는 것이다. 시대에 따라 관습의 체계가 변화하는 것처럼 동일한 장르도 시대에 따라 전혀 다른 모습으로 존재한다.

스포츠 만화를 보면, 60년대의 <거인의 별(巨人の星)>(가와지리 잇키 글, 가와지리 노보루 그림)의 주인공과 90년대의 <슬램덩크(Slam dunk)>(이노우에 다케히코)의 주인공은 전혀 다른 의미에서 스포츠를 한다.

<거인의 별>의 주인공은 아버지의 한을 이어받아 전국을 석권하고 싸움에서 승리해나간다. 이를 위해서 전국대회 우승, 프로야구 우승 등 매우 구체적인 목표가 설정된다. 그러나 <슬램덩크>에서는 먼저 스포츠를 즐기게 한다. 스포츠를 배우고 즐기며 경기에서 자신이 꼭 필요한 선수라는 사실을 깨닫게 되며 진정한 스포츠맨이 된다. 경기를 이기는 것은 그 경기를 즐기며 성장하는 것의 표현이다. 전국대회도 마찬가지다. 두 주인공은 스포츠를 바라보는 시각이나, 스포츠를 하게 된 원인이나, 스포츠를 배워나가는 과정이 전혀 다르다. 장르가 진화한 것이다. 이처럼 생성, 진화, 발전하는 장르는 정체되어 있는 것이 아니라 시대에 따라 변화하며 만화의 창작자들과 수용자들을 이어주는 역할을 한다.

만화에서 장르의 의미를 살펴보자.

만화에서 장르는 수용자의 반복 체험을 통해 특정한 의미 체계를 구성하고, 이 특정한 의미 체계는 수용자의 기대감을 만들어내고, 장르 만화의 서스펜스를 즐기게 한다.

만화를 보는 독자들은 특정한 장르에서 반복되는 컨벤션을 통해 장르 체험을 경험하게 된다. 수용자의 장르 체험은 반복을 통해 특정한 의미 체계를 구성하게 된다. "인간이 다른 체험들과 마찬가지로 장르 체험도 특정한 지각과정에 따라 구성된다. 같은 유형의 체험을 반복함에 따라 우리는 계속적인 보강에 의해 규칙으로 굳어지게 마련인 기대감을 키우게 된다."[5] 이러한 기대감은 "등장하는 인물의 불확실한 운명을 걱정하면서 일시적으로 우리 내부에 야기되는 긴장감"[6]인 극적 긴장구조를 만들어낸다.

J.G. 카웰티는 이를 '서스펜스'라고 정의했다. 그에 의하면 서스펜스는 주로 연재물의 마지막 장면이 차지하는데 고급문학의 불확실함과는 근본적으로 성격이 다르다. 고급문학의 불확실함은 우리의 짐작과 기대가 빗나가며 해결이 보장되지 않는 데 비해 서스펜스는 아무리 불확실한 상황이라도 후련하게 해결될 것이라는 믿음을 갖게 해주고, 그 믿음 위에서 더욱 강력해진다. 따라서 이러한 극적 긴장구조인 서스펜스는 만화의 통속성을 보장하는 중요한 장치로서 활용된다. 한 축으로는 불확실한 운명을 극복하는 주인공의 영웅성을, 다른 한 축으로는 깊은 흥미를 유발하는 긴장감을 유지하며 환희의 체험과 카타르시스를 얻게 만든다. 장르 만화의 반복되는 체험에 의한 기대감은 서스펜스를 만들고, 이는 독자들에게 카타르시스를 제공하며 작품으로 독자들을 끌어당긴다.

수용자들은 장르 만화를 접할수록 개별 작품에 대한 특별한 이미지보다는 스포츠, 명랑 만화, 멜로 드라마, 판타지, SF, 퇴마물과 같은 특정 장르의 특징을 담은 관습적인 이야기, 장면, 캐릭터 등을 떠올리게 될 것이다. 스포츠 만화를 생각해보자. 스포츠 만화라면 먼저 주인공들의 투지와 끈기, 즉 근성을 떠올리게 될 것이다. 라이벌에게 밀린 아버지, 아버지는 아들에게 특훈을 시킨다. 아들은 아버지의 지옥 같은 특훈을 견뎌내고 마구(魔球)를 전수받고 전국대회를 평정한다. 그런데 이 아들은 전국대회에서 다시 또 평생의 라이벌을 만나고 부상을 입는다. 부상으로 좌절한 아들은 엄청난 근성으로 혹독한 훈련을 거듭해 새로운 강자로 거듭난다.

<거인의 별>에서부터 시작된 열혈(熱血) 스포츠물에서 스포츠는 스포츠가 아닌 주인공의 모든 것이었다. 주인공에게 스포츠는 연인이며, 희망이고, 꿈이었으며, 삶의 의미였다. 이들은 불행했고, 무언가가 결여되어 있으며, 그 빈 곳을 스포츠의 승부로 채워갔다. 오로지 이기는 것이 목적인 것처럼 움직였다. 그래서 이런 고전적인 열혈 스포츠물의 종말은 대개 비극으로 마무리되었다. 그것은 우리나라나 일본이나 별반 다를 것이 없었다.

이런 장르 만화의 특징은 구체적인 내러티브 관습으로 정리할 수 있다. 스포츠 만화라면, ①스포츠에 입문하게 된 특정한 계기 ②입문 과정(연수 과정)에서의 고난 ③감정적 대립을 보여주는 선수의 설정 ④갈등의 극복과 한 팀으로 거듭남 ⑤서로를 인정하는 라이벌 ⑥무서운 기술의 우연한 습득과 거

기에 매달림 ⑦전국대회 진출 등과 같은 컨벤션을 공유하게 된다. 스포츠 만화는 이러한 장르의 컨벤션을 반복하며 점차 달아오르게 된다.

이처럼 반복을 통해 굳어진 관습은 만화의 다양한 요소들에 의미를 규정한다. 비장르 만화에 등장하는 캐릭터, 칸의 연출, 효과선, 말풍선, 플롯 등의 내러티브 요소는 만화를 통해 통합될 때 의미를 부여받지만(별개의 것으로는 의미를 부여받을 수 없다), 장르 만화에서는 이러한 개별 요소들이 하나의 공식으로, 굳어진 관습으로 존재하며 수용자들과 의미를 규정한다. 똑같은 괴물이라도 남성을 공격하는 괴물과 여성을 공격하는 괴물의 캐릭터와 공격 패턴은 전혀 다르게 등장한다. 남성을 공격하는 괴물, 퇴마물에서 등장하는 괴물들은 힘에 의해 남성을 제어하려고 하고 찌르거나 찢고 자른다. 간혹 강렬한 에너지를 방사하기도 한다. 반면, 주로 여성을 공격하는 괴물, 특히 18금(禁) 만화나 아니메[7]에서 등장하는 소위 촉수물[8]의 괴물들은 남성의 성기 모양을 한 거대한 촉수로 여성을 겁간한다. 같은 괴물이라도 장르에 따라 존재방식과 공격패턴이 전혀 달라지는 것이다. 우리는 촉수가 달린 괴물들만 보더라도 이 장르가 여성을 가학적으로 공격하는 장르 만화임을 알 수 있다.

로버트 워쇼는 장르의 성공에 대해 "장르가 성공한다는 것은 그 장르의 관습이 일반 대중의 의식을 불쑥 찾아간 다음 일련의 특정한 태도들과 특정한 미학 효과의 장치들을 수용하게 된다는 것을 의미한다. 관객은 매우 명확한 기대를 가지고 장르 영화를 보러 간다. 여기서 독창성은 그것이 그 기대를 근본적으로 변형시키지 않고 강화하는 범위 안에서만 허용된다."고 말했다. 장르 만화는 한두 편의 작품으로 끝나는 것이 아닌 창작과 수용을 지배하는 사회적 관습인 셈이다.

장르 만화의 시스템

할리우드 장르 영화의 전성기는 할리우드 스튜디오의 전성기와 일치한다. 이것은 결코 우연이 아니다. 스튜디오 시스템은 대량생산과 대량유통(배급)의 기능을 수행했다. 이러한 스튜디오 시스템의 제작-배급-상영 시스템은 제작자뿐만 아니라 영화감독이나 작가들에게 자신의 작업적 성과(상업적·대중적 성과)를 측정하도록 하는 피드백 시스템이기도 하다.

어느 이야기가 흥행에 성공했고, 그 이야기를 잘 만드는 감독은 누구고, 그 이야기에 잘 어울리는 배우는 누구라는 공식이 등장한다. 흥행에 성공한 작품에 등장하는 이야기나 연출에 대한 특별한 테크닉은 다른 작품에서 반복되어 사용되어진다. 한 장르 영화가 탄생하면 다른 장르 영화도 그 안에서 배태된다. 할리우드 스튜디오 시스템에 기반한 장르 영화 시스템은 창작에서 유통, 그리고 평가를 담당하는 시스템으로 정리할 수 있다.

장르 만화의 경우도 마찬가지다. 만화에서 장르 만화가 탄생하게 된 것은 정치 만화, 풍자나 풍속 만화 혹은 상업매체에 수록된 오락 만화가 시작되면서부터이다. 특히 장르 만화는 한 칸이나 네 컷 만화가 아닌 긴 내러티브를 보장하는 1페이지 이상의 만화가 잡지에 연재되면서 시작되었다. 내러티브 만화는 특정한 상업적 제작-배급 시스템을 필요로 한다.

가장 먼저 장르 만화가 형성된 미국의 경우, 1930년대 대공황기의 시작과 함께 본격적인 만화 출판이 시작되며 내러티브 만화가 출현했다. "만화사에서 1930년대 미국 만화는 각별한 의미를 지닌다. 이 시기는 보통 '만화의 최초 황금기'로 불리며, 만화가 문화적 의미에서나 사회학적 의미에서 대중예술 내지는 대중문화산업으로 기반을 획득하기 시작한 시점으로 일컬어진다. <타잔>, <뽀빠이>, <블론디>, <딕트레이스>, <테리와 해적들>, <플래시 고든>, <정글짐>, <릴 애브너> 등 너무 유명해서 우리에게도 더러 그 이름이 익숙한 만화가 이 시기에 탄생했다. 유머에서부터 탐정, 중세적 모험과 환상, 공상과학 그리고 웨스턴에 이르기까지 소재와 영역이 다양해진 것도 이 시기이고, 종전처럼 신문지면을 빌린 연재가 아니라 단행본으로 묶여 가판대에 처음 등장한 것도 이때다. 만화가 저렴한 인쇄와 광범위한 보급으로 대중적 커뮤니케이션의 새로운 수단이자 대중문화산업의 중요 영역으로 자리잡기 시작한 것이다."[9]

일본의 경우도 마찬가지다. 일본에서 장르 만화의 탄생은 잡지 출판과 연계된다. 전후 혼란기, 1946년에서 48년까지 일본에는 여러 종의 만화잡지가 창간되었다. 전전(戰前) 일본의 대표적인 만화잡지인『만화』가 1945년 8월에 복간되었고,『만화 일본』도 10월에 복간되었다. 이 당시에 창간된 만화잡지에 실린 만화는 정치 만화나 풍자, 풍속 만화가 대부분이었다. 대표적인 정치·풍자 만화를 수록한 잡지로는 1946년 창간된『진상』, 1947년 창간된『구만바치』같은 좌익계 잡지를 꼽을 수 있다. 1950년 한국전쟁이 발발하자 일본에 공산주의자를 색출하는 운동이 일어났고, 정치적 풍자를 주로 다루던 만화잡지도 된서리를 맞게 되었다. 이 시기 데즈카 오사무에 의한 소년 만화가 본격적으로 전면에 부상하게 되면서 어린이를 중심으로 내러티브 만화의 인기가 급부상하게 되었다.

데즈카 오사무의 <정글대제>(『만화소년』 1950년 10월호), <아톰대사>(<철완 아톰>의 전신,『소년』 1951년 4월호), 후쿠이 에이이치의 <뭉구리군>(『모험왕』 1952년 1월호), 스기우라 시게루의 <사루토비 사스케>(『오모시로 북』, 1954년 3월호) 등의 인기작이 연재되기 시작했다. 1959년 3월에 창간된『소년 매거진』(고단샤)과 같은 해 4월에 창간된『소년 선데이』(쇼가쿠칸)는 주간 소년 잡지로 창간되어 만화를 연재하기 시작했다. '잡지(차후에 순수 만화잡지로 변화)'라는 시스템을 기반으로 1950년대에서 60년대에 이르러 일본의 만화는 장르 만화로 정착된 것이다.

우리나라에서 장르 만화는 일제 시대 후 본격적으로 창간되기 시작된 어린이잡지(『아동구락부』,『어린이 신문』,『주간 소학생』,『어린이』등)와 성인잡지(『야담』,『실화』,『아리랑』)에 만화가 실리면서 장르 만화의 맹아적 형태가 등장했다.

영화의 경우처럼 만화의 경우도 마찬가지다. 장르 만화란 제작-유통 시스템을 필요로 하며, 이 시스템과 함께 등장한다. 이러한 제작-유통 시스템은 독자들의 요구를 작품에 반영하는 상업성을 구현하는 창작 시스템이며 동시에 장르적 관습에 기반한 독자들의 평가 시스템이기도 하다.

만화잡지의 힘

대중예술에서 '매체'는 창작자와 수용자를 이어주는 연결고리이며 동시에 부가가치를 생산하는 생산물이기도 하다. 상업출판 만화에 국한시켜 생각해본다면 우리나라에 존재하는 만화 매체의 존재방식은 크게 네 가지로 분류할 수 있다. 첫 번째는 만화방을 통해 유통되는 만화다. 두 번째는 만화잡지이며, 세 번째는 만화잡지사에서 펴내는 단행본이고, 네 번째는 학습 만화와 전문출판 만화이며, 다섯 번째는 불법복제 만화다.

대본소라고도 불리는 만화방을 통해 유통되는 만화방 만화는 우리나라에만 존재하는 독특한 매체로 일일 만화(혹은 일일판 만화)라고 불린다. 만화방 만화를 전문으로 제작하는 몇 명의 작가는 자신의 이름을 내걸고 여러 명의 작가를 모아 팀을 만들어 작품을 찍어낸다(이른바 공장 시스템이라고 불린다).

예전에는 창작과 제작이 분리되어 있었지만 최근에는 모두 하나로 통합되어 '작가 출판'이라고 불리기도 한다. 만화방 만화는 80년대까지 만화의 주류였지만 90년대 중반부터 쏟아져 들어온 일본 만화가 만화방 만화를 대치하면서, 대여점이 만화방을 대치하면서 급격히 퇴조를 거듭하다 2000년대 이후에는 온라인 만화방을 통해 그나마 명맥을 이어가고 있다. 불법복제 만화는 일본의 라이센스판 만화가 조금씩 들어오던 90년대 크게 유행했던 만화로 저작권 계약 없이 불법적으로 찍어 내 판매하는 만화다. 유통 방식만 다를 뿐 콘텐츠는 일반 출판사에서 찍어내는 단행본과 동일하다. 대형 만화 출판사의 등장으로 불법복제 만화는 많이 자취를 감추었으나 아직도 부분적으로 출판되고 있다.

우리나라 만화는 만화방 시스템을 통해 정착되었다. 60년대 <폭탄아>, <도전자>의 박기정, <라이파이>의 김산호, <엄마 찾아 삼만리>의 김종래, '땡이' 시리즈의 임창, '두통이' 시리즈의 박기준 등의 진출로 만화 붐을 일으키며 전국적으로 정착되었고, 80년대 <공포의 외인구단>의 이현세, <신의 아들>의 박봉성, '불청객' 시리즈의 고행석 등의 극화가 크게 성공하며 만화방을 찾는 연령대가 상향 조정되었다. 그러나 80년대 후반 작품의 다작 여부가 작가의 소득을 결정짓는 왜곡된 유통 구조를 정착시키며 히트작의 아류와 성의 없는 작품이 다량으로 제작되며 점차 수용자들의 기호에서 벗어나기 시작했다.

80년대 후반 그 간극을 매우며 새롭게 등장한 매체가 만화잡지다. 지금과 같은 분화된 만화잡지 구도를 정착시키게 된 계기가 된 만화잡지는 1988년 창간된 주간지 『아이큐 점프』다. 『아이큐 점프』는 일본에서 일반화된 '주간 소년 만화'라는 새로운 패러다임을 들여왔다.

『아이큐 점프』이전에도 만화잡지는 존재했다. 70년대 아동 전문잡지의 트로이카였던 『새소년』, 『어깨동무』, 『소년중앙』이 점점 기사의 비중을 줄이고 부록으로 발행되던 만화의 비중을 늘려가던 중 1982년 『어깨동무』를 발행하던 육영재단에서 매우 두꺼운 부피로 만화만을 수록한 『보물섬』이 창간되어 폭발적인 호응을 얻었다. 이후 『소년중앙』도 거의 만화 전문잡지의 성격으로 변화됐으며 『만화왕국』이 새롭게 창간되어 80년대 아동 만화잡지 시장은 70년대 트로이카의 계보를 이어받는 『만화왕국』, 『보물섬』, 『소년중앙』의 시대로 정착되었다. 이들 만화잡지의 패러다임은 철저히 70년대에 머물러 있었다. 월간지 연재라는 연재기간의 한계와 함께 초등학생을 겨냥한 작품 게재는 70년대의 아동 잡지와 별반 차이가 없었다. 다만 차이라면 만화가 100% 실린다는 것에 불과했다.

그러나 『아이큐 점프』의 패러다임은 전혀 새로운 것이었다.[10] 가장 충격적이었던 것은 월 단위 연재분량에서 주 단위 연재로 줄어든 연재기간이었다. 이 같은 전략은 일본에서 오랜 시간의 성숙을 통해 검증된 것으로 주 단위 만화 연재가 독자들을 가장 효율적으로 흡입할 수 있다는 판단이었다. 또한 월간 만화잡지가 4,000원의 가격대를 형성했던 데 비해 1,500원이라는 파격적인 가격으로 시장에 진입했다. 이로써 1주일 단위로 만화를 사보고 버리는 시대가 온 것이며 주 단위 만화 연재를 통해 축적된 작품을 빠른 시간 내에 단행본을 통해 유통시킬 수 있게 되어 잡지와 단행본을 통해 부가가치를 올리는, 만화잡지의 시대가 열린 것이다.

『아이큐 점프』는 또한 소년 만화라는 새로운 만화의 영역을 개척했다. 이전까지 존재했던 만화는 만화잡지에 연재되는 초등학생을 겨냥한 만화와 청소년 이상 계층을 겨냥한 만화방 만화로 크게 양분되었다. 따라서 초등학교 때부터 만화를 보며 성장했던 세대, 초등학교 고학년에서 중고생에 이르는 거대한 만화의 실질 소비층은 진공상태로 남아 있었다. '소년 만화'라는 생소한 패러다임은 만화잡지를 사서 보는 연령층의 확대를 겨냥했다. 이현세의 대표작 중의 하나인 <아마게돈>, 이상무의 <제4지대>, 배금택의 <0심이> 등 월간 만화잡지와 차별화된, 초등학생 고학년 이상 계층을 겨냥한 작품의 연재가 시작되었고 무주공산이던 광범위한 만화의 실질적인 소비층이 빠르게 독자층으로 흡수되었다. 일본에서 최고의 인기를 구가하던 <드래곤볼>을 라이센스로 수입하여 연재하며 100만 부 발행의 신화를 이루어내기도 했다. 변화된 패러다임을 통해 시장의 확대가 이루어지자 1991년 『아이큐 점프』가 홀로 주도하던 주간 소년 만화잡지 시장에 애니메이션 전문회사였던 대원동화(주)는 출판사업부를 만들어 『소년챔프』를 창간하며 진입을 시도했다.

이후 주간 소년 만화잡지를 축으로 잡지의 연령별 분화가 이루어졌다. 이 역시 '주간 소년 만화'라는 새로운 패러다임이 일본에서 도입되었던 것처럼 그 이름과 체제 역시 일본을 통해 도입되어 각각 『영점프』와 『영챔프』라는 준성인지가 창간되었다. 1995년에는 만화 시장의 성숙과 함께 성인지 『빅점프』와 『투엔티세븐』이 창간되었다. 그런데 '주간 소년 만화잡지-격주간 준성인 만화잡지-격주간 성인만화잡지'라는 연령별 분화 이외에 만화잡지의 독특한 아이템은 순정 만화 전문잡지다.

『아이큐 점프』가 창간되던 1988년 순정 만화 전문잡지 『르네상스』가 창간되었다. 순정 만화 전문잡지는 만화의 장르적 분화를 기반으로 매우 독특한 영역을 구축했다. 이는 주류 만화가 차지하고 있는 남성 중심의 독자층과는 달리 여성 중심의 새로운 창작-수용자층을 대상으로 하여 빠른 시간에 안정된 구조를 이루었다. 『르네상스』의 창간 이후 약 2년여를 주기로 많은 순정 만화 전문잡지가 창간되었다.

이상과 같은 연대기적 흐름은 우리 만화잡지 시장의 변화와 흐름을 개괄적으로 살펴본 것이었다. 현재 우리 만화잡지는 주간 소년 만화라는 중심 매체를 축으로 준성인지, 성인지와 장르별 전문잡지인 순정 만화 전문잡지로 크게 구분되어질 수 있다.

지금과 같은 일본식 만화 시스템은 80년대 후반부터 약 10

여 년에 걸쳐 정착되었다. 그러나 1997년 청소년보호법으로 인한 성인 만화 시장의 위축으로『투엔티세븐』,『빅점프』,『미스터 블루』(남성용 성인 만화잡지),『마인』,『나인』과『화이트』(여성용 성인 만화잡지)는 차례로 폐간의 수순을 밟았다.

일본식 만화잡지 시스템의 핵은 주간 소년 만화잡지다. 서울문화사와 대원CI는『아이큐 점프』와『코믹챔프』(소년챔프가 잡지명을 변경)를 창간하면서 이 같은 주간 소년 만화잡지의 맥을 이었다. 이들 두 잡지는 창간 초기 각각 일본의 인기 만화 <드래곤볼>과 <슬램덩크>의 힘에 기대 잡지의 판매를 급속히 끌어올리며 시장을 선점했지만 현재는 시장을 장악하는 힘이 무디어진 상태다.

주간 소년 만화잡지는 흔히 '소년 만화'라 불리는 만화를 주로 연재한다. '소년 만화'의 장르 만화적인 특징은 격투 내러티브를 중심으로 구성되어 있는 격투물이 다른 내러티브의 만화에 비해 높은 비중을 차지한다는 점이다.『아이큐 점프』의 경우, 90년대 이후 연재되어 인기를 끌었던, <진짜 사나이>, <12지전사>, <까꿍>, <요술소년 또몽>, <마계대전>, <뱀프X1/2>, <다이어트 고고>, <핫도그>, <용잡이> 등의 작품이 대부분 격투물이다. 이들 격투물의 내용은 간단하다. 주인공이 적들을 맞아 1대 1로 대결[對戰]을 벌이거나 다수의 적들을 만나 난투(亂鬪)를 벌이면 된다. 주인공은 어려움 끝에 승리하고 새로운 적을 만난다.

결국, 격투만을 위한 격투물도 등장하게 되는데,「럭키짱」

과 같은 물량형 격투물을 만드는 김성모가 『아이큐 점프』에 연재한 「마계대전」[11] 같은 경우가 대표적인 사례다. 「마계대전」은 특별한 서사 없이 폭룡족인 주인공 대류가 마계를 지배하려는 마테우스에 맞서 끊임없이 전투를 벌이는 것을 내용으로 하고 있다.

주간 소년 만화잡지를 보유하고 있는 출판사는 전략적으로 주간 소년 만화잡지를 보고 자란 독자를 흡수하기 위해 새로운 잡지를 창간하게 된다. 속칭 '영지'라는 꽤나 모호한 명칭으로 통칭되는데, 『영점프』(폐간), 『기가스』(폐간)와 『부킹』, 『영챔프』 등이 대표적인 매체다. 이들 영지는 잡지의 타깃을 15세 이상으로 잡아 소년 만화와 다른 장르적 특징을 보인다. 소년 만화가 단순한 격투물이나 판타지가 혼합된 격투물 등을 선호한다면 청소년 만화는 보다 진지하며 풍부한 내러티브를 담은 만화가 많다.[12]

소년 만화와 청소년 만화가 남성 독자를 위한 만화였다면, 순정 만화는 여성 작가들이 창작하고 여성 독자들이 소비의 중심을 이루는 만화다. 순정 만화는 소년 만화와 청소년 만화보다 빨리 잡지 시스템으로 전환했는데, 여성 독자들이 남성 독자들에 비해 작품을 직접 소유하고 싶은 욕망이 강했기 때문이다. 1986년 황미나, 김혜린, 신일숙, 김진, 이정애, 유승희, 이명신, 서정희, 황선나 등 9명의 순정 만화 작가들은 '나인'이라는 창작 동호회를 결성하고, 동인지 성격의 잡지 『아홉 번째 신화』를 출간했다. 비매품으로 1,000부 정도 인쇄했지만 반응이 좋아 3호에서는 3,000부 주문판매를 시도했다. 『아홉 번째 신화』의 실험이 성공을 거두자 1988년 11월 도서출판 서화에서 국내 최초의 순정 만화잡지 『르네상스』가 창간되었다.

순정 만화잡지가 창간되자 작가들은 장편 중심의 만화방 체계에서 이탈해 잡지 연재 체제로 선회했다. 그들은 80년대 만화방 시대에 독자들에게 익숙해진 장편 장르 만화에서 이탈해 가벼운 학원물, 개그 만화, SF 등으로 장르를 확산시켰다. 순정 만화에서 장르의 확산은 잡지를 통해서 이루어진 것이다. 『르네상스』의 성공적인 시장 진입 이후 1989년 『하이센스』, 『모던타임즈』, 『로맨스』가 연속적으로 창간되었다. 순정 만화잡지는 2년을 주기로 창간과 폐간이 반복되었는데, 1991년에는 『요요』, 『미르』, 『댕기』, 『나나』가, 1993년에는 『그대에게』, 『터치』, 『윙크』, 『실루엣』, 『미니』가 창간되었다. 이들 잡지 중 『터치』와 『윙크』는 도서출판 대원(현 대원CI)과 서울문화사라는 두 거대한 잡지사의 시장 전략 속에서 탄생한 잡지였다. 두 잡지는 각각 『소년챔프』와 『아이큐 점프』라는 주간 소년 만화잡지를 축으로 연령별·장르별 잡지의 분화를 시도했다. 1995년 『화이트』, 1996년 『이슈』, 1997년 『파티』, 『아디』, 『나인』, 1999년 『케이크』, 2000년 『쥬티』, 『해피』, 2003년 『오후』, 『비쥬』, 2004년에는 『허브』가 창간되었다.

순정 만화잡지는 주로 여성작가들에 의해 창작되며 여성 독자들에게 소비되는 매우 독특한 창작과 수용의 구조를 지니게 되었다. 잡지에 실리는 많은 작품이 각각 상이한 여러 성격을 지니지만 여성작가와 여성독자에 의한 연대 네트워크는 개별 작품의 특징을 넘어서 그것을 하나로 묶어낸다. 그리고 그 안에서 남성들이 접근하기 어려운 하나의 커뮤니티를 발생시키고, 그것을 네트워크의 구조를 통해 재생산한다. 그 중심에 바로 '잡지'가 서 있다.[13]

장르 만화의 구분

독자를 중심으로

애초 만화의 장르는 영화나 드라마, 대중소설 등에서 많은 영향을 받았다. 그러다가 만화가 보다 상업적으로 변화를 꾀하면서 다른 매체에서는 찾을 수 없는 독특한 장르들이 분화, 발전하기 시작했다. 현재 우리나라에서 유행하는 장르 중 만화에서 특히 활성화된 장르는 판타지, 퇴마물, 학원 격투물 등이 있다.

영화나 만화와 같은 서사 장르의 구분은 구체적인 내러티브 관습에 기댄다. 우리에게 익숙한 스포츠물, 멜로 드라마, 코미디 등의 장르 구분은 대중소설이나 라디오극 등의 것을 받아들여 영화에서 발전시킨 뒤 TV 드라마와 만화 등으로 확대된 것이다.

그러나 우리나라에서 통용되는 만화의 장르 구분은 내러티브 중심의 구분만으로 확연하게 정리되기는 힘들다. 순정 만화, 소년 만화, 청소년 만화[14], 성인 만화처럼 독자 중심 구분이 내러티브 중심의 구분만큼 자연스럽게 사용되어지고 있다.

만화에서 독자 중심 구분은 연령대에 따른 단순한 가이드라인이 아니라 내러티브 관습 자체를 규정하기도 한다. 똑같은 학원물이라도 순정 만화에서의 학원물과 소년 만화에서의 학원물은 명백한 차이를 보인다. 순정 만화에서의 학원물이 남녀의 로맨틱 코미디나 멜로 드라마의 내러티브 관습을 보이는 데 비해 소년 만화에서의 학원물은 대전물의 내러티브 관습을 보인다.

이러한 독자 중심 구분은 일본식 잡지 시스템이 정착되면서 시작되었다. 일본식 잡지 시스템이 정착되기 전까지만 해도 우리나라의 만화는 대본소 만화나 소년 잡지 등의 별책부록 만화로만 유통되었다.

만화는 주로 한정된 독자들을 겨냥했으며, 만화만이 만화 외적인 요인들에 의해 크게 영향을 받기도 했다(『새소년』, 『어깨동무』, 『소년중앙』과 같은 어린이잡지나 『소년한국일보』, 『소년동아일보』, 『소년조선일보』와 같은 어린이신문에 실리는 명랑 만화는 이 잡지의 주독자층인 어린이들의 일상의 라이프 사이클에 맞추어 내러티브가 진행되었다).

80년대 후반부터 정착되기 시작한 일본식 만화잡지 시스템은 만화만을 연재하는 잡지로 다양한 장르의 만화들을 소개하고, 매호마다 독자들의 투표를 통해 인기순위를 결정했으며, 이 인기순위에 의해 초보적인 마케팅이 실시되었고, 단행본 출판 여부가 결정되었다.

일본식 잡지 시스템과 함께 정착되기 시작한 장르 만화는 일본식 잡지 시스템의 주요 골격인 소년 만화, 청소년 만화, 순정 만화, 성인 만화에 맞추어 각자 특성화되어갔다. 장르 만화는 잡지 내부에서 원활하게 발전되지 못했고, 다양한 장르 만화를 소개하는 잡지도 없었다. 결국 우리나라 장르 만화에는 내러티브 중심 구분과 함께 독자 중심 구분이 공존하게 된 것이다.

내러티브를 중심으로

독자 중심 구분은 내러티브 중심 구분보다 상위개념이고 큰 갈래다. 큰 갈래이기는 하지만 창작-유통 시스템에 의해 작품이 만들어지고, 독자들의 평가 시스템이 작동한다. 작품 내부에 유사한 내러티브 관습이 존재하기도 한다.

그러나 보다 본질적인 장르 만화는 독자 중심 구분과 같은 큰 갈래가 아닌 내러티브에 의해 분류된 작은 갈래의 구분이다. 효과적인 장르 연구는 큰 갈래와 작은 갈래를 겸해야 한

다. 우리가 만나는 장르 만화는 두 가지 갈래에 의해 구분되어지고 규정되어지기 때문이다.[15)]

상업 만화의 장르는 제일 먼저 독자 중심 장르 구분을 필요로 한다. 작가는 자신의 작품이 어느 독자들에게 수용될 것인가를 결정하고, 거기에 적당한 내러티브와 시각적 요소를 배치해야 한다. 그 뒤 내러티브 중심 장르 구분을 통해 어느 장르가 독자들에게 좋은 반응을 얻을 수 있을까를 생각해야 한다.

영화와 마찬가지로 만화에서 내러티브 중심 장르 구분은 최근 들어 빠르게 장르들이 서로 결합하고 재구성되며 세분화되는 경향을 보인다. 학원 액션, 스포츠 액션, SF 액션 어드벤처 등 다양한 장르의 요소들이 서로 영향을 주고받고 있다.

다음 표는 개략적으로 정리한 만화의 내러티브 중심 장르 구분이다. 표에서 보는 것처럼 전통적인 장르 만화는 소구분을 통해 분화되고 있다. 특히 소구분은 대구분 장르와 교집합을 이루는 경향이 많아 특정 장르 만화로 명백하게 구분하기는 쉽지 않다.

그러나 장르 만화의 내러티브 중심 구분은 만화에서만 볼 수 있는 몇 가지 특징적인 경향을 유용하게 정리하도록 만들어준다. 가장 특징적인 대구분은 '판타지', '열혈' 및 '미소년 & 미소녀' 장르다. 이들 장르는 다른 매체에서 쉽게 찾아볼 수 없는 장르로 만화에서만 도드라지게 창작, 수용된다.

[표] 만화의 내러티브 중심 장르 구분

대구분	소구분	주요 작품	특성
SF	스페이스 오페라 (space opera)	마츠모토 레이지의 작품들 ·<은하철도 999>	우주를 배경으로 한 만화. 주로 마츠모토 레이지의 작품이 스페이스 오페라 계열. (「스타워즈」와 유사함)
	디스토피아 SF	·<20세기 소년> ·<브레임> ·<총몽>	<20세기 소년>은 모험물과 디스토피아풍 SF의 혼합형 하이브리드형 만화. 디스토피아의 암울한 미래상을 다룬 작품들.
	거대로봇	·<마징가 Z> ·<자이안트 로보> ·<빅오>	아니메 콘텐츠와 공유. 로봇물도 거대로봇물과 리얼로봇물 등으로 구분될 수 있다.
	리얼로봇	·<패트레이버> ·<건랑전설>	
	전대	·<사이보그 009>	팀이 나오는 액션물로 주로 미래를 배경으로 한다.
추리 & 미스테리	추리	·<명탐정 코난> ·<소년탐정 김전일>	정통 추리물과 <소년탐정 김전일>처럼 새로운 형태의 살인이 등장하는 추리물로 분류 가능.
	미스테리	·<M 노엘> ·<일루션>	한혜연의 <M 노엘>은 형사 짝패(버디)가 등장하는 만화이기도 하다.
호러 & 퇴마	난도질	·<데빌맨> ·<베르세르크>	엽기 만화와 장르적 특성 공유. 하드보일드한 표현.
	퇴마	·<유유백서> ·<3X3EYES> ·<홉혈희 미유> ·<백귀야행> ·<아일랜드> ·<좀비헌터> ·<지옥선생 누베>	마물, 요괴 등을 잡는 만화이지만 내부에 다양한 특성으로 구분된다. 일본의 가장 대표적인 장르 만화다. 인간 사회의 종말을 바라는 요물들과의 대결을 그린 작품(<데빌맨>, <유유백서>)이 있으며 일상의 요괴들을 퇴치하며 함께 하는 작품(<백귀야행>)이 있다.

	호러	·<두 사람이다> ·<좌부녀>	정통 호러 만화. 공포를 주는 만화다.
	재난 만화	·<생존게임> ·<드래곤헤드>	재난이 닥친 경우를 가상한 만화로 장르적 특성을 SF나 미스테리 등과 공유한다. 그러나 명백히 공포를 조장한다.
	부조리	이토 준지의 공포 만화들	엽기개그 만화, 패러디 만화 등과 장르적 특성 공유.
판타지	칼과 마법사	·<베르세르크> ·<리니지>	가장 정통한 본격 판타지 장르에 가까운 만화. 중세를 배경으로 한 하드보일드 액션물과 융합되고 있다.
	판타지	·<봉신연의> ·<북두의 권> ·<바스타드>	가상의 세계에서 벌어지는 이야기들을 총칭하는 장르명칭. 액션 장르 및 호러 & 퇴마 장르와 교집합을 이룬다.
	개그 판타지	·<엘프사냥꾼> ·<엑셀사가>	개그와 장르적 특성을 공유한다.
	무협 만화	·<열혈강호> ·<용비불패>	가상의 시공간인 강호에서 벌어지는 만화.
학원물	일상학원	·<굿모닝 티처>	학원의 일상을 소재로 한 학원물.
	학원 격투	·<상남 2인조> ·<비바 블루스> ·<짱>	학원을 배경으로 펼쳐지는 격투 만화.
	학원 개그	·<걸스> ·<구타닷컴>	학원 격투물이나 일상 학원물과 유사한 점이 있지만 웃음을 겨냥한다. 주로 순정 만화에 많이 등장하는 장르 만화다.
열혈 만화	열혈 스포츠	·<거인의 별> ·<캡틴 츠바사>	스포츠 만화의 주된 스타일.
	열혈	·<출동 119 구조대> ·<스바루>	소다 마사히토의 작품. 열혈을 강조하는 주인공이 등장해 목숨을 걸고 자신에게 주어진 과제를 수행한다.

격투 (액션)	어드벤처 액션	·<헌터X헌터>	모험이라는 소재를 중심으로 팬시한 액션이 펼쳐진다.
	전쟁	·<침묵의 함대>	전쟁을 소재로 한 만화.
	대전	·<드래곤볼> ·<까꿍>	캐릭터들이 서로 싸우며 업 그레이드하는 형태의 만화.
	하드보일 드	·<지뢰진> ·<건비트>	형사 등이 등장하기도 하며, 하드보일드한 액션 묘사가 빼어나다. 이케가미 료이치 의 만화가 대표적이다.
전문 & 일상	전문	·<명가의 술> ·<미스터 초밥왕> ·<맛의 달인> ·<OL 비주얼족> ·<힙합>	일상의 전문적 영역을 소재 로 다양한 장르적 특성을 혼 합시킨 하이브리드형 장르.
	일상	·<비빔툰> ·<THIS>	각종 일상적인 이야기들의 만화(리얼리즘 만화의 90년 대 이후 버전).
멜로		·<금지된 사랑> ·<불면증> ·<나의 지구를 지켜 줘>	멜로 장르의 특성을 보여주 는 만화. 섬세한 감정과 사랑 을 묘사한 작품들이 많다.
역사 만화	대하사극	·<임꺽정> ·<장길산> ·<토끼> ·<북해의 별> ·<바람의 나라>	역사적 격변기가 서사의 중 심에 놓인 경우. 그러나 <바 람의 나라>는 대하사극과 대하로맨스의 중간형태.
	대하 로맨스	·<베르사유의 장미> ·<올훼스의 창> ·<불새의 늪>	사랑이 서사의 중심에 놓인 경우.
개그 만화	패러디	·<먹통 X> ·<파이팅 브라더스>	패러디를 중심에 놓고 웃음 을 풀어내는 만화.

	부조리 개그	·<렛츠고 이나중 탁구부> ·<카오루의 일기>	후루야 미노루, 모치즈키 미네타로의 작품들. 부조리한 삶과 상황을 그리고 있다. 여기에 배설류 개그까지를 포함시킬 수 있다.
	일상 명랑	·<꺼벙이> ·<로봇 찌빠> 등 길창덕, 신문수, 윤승운, 이정문, 박수동 등의 만화	70~80년대 유행한 장르로 평범한 주인공들의 일상적인 생활 속에서 웃음을 유발시키는 장르.
미소년 & 미소녀	하렘	·<러브 인 러브> ·<천지무용>	평범한 남자주인공에게 쏟아지는 매력적인 여성들의 관심.
	로맨틱 코미디	·<오렌지 로드> ·<전영소녀>	하렘물이 한 남자에 쏟아지는 관심을 그린다면, 로맨틱 코미디는 사랑과 웃음이라는 두 개의 키워드를 가지고 다양한 주인공들이 등장한다.
	야오이	·<브론즈> ·<절애>	남자 주인공들이 서로의 몸을 탐닉하는 만화.

클리세, 장르 만화 속 뻔한 법칙

독자들의 관습에 기초한 장르 만화에는 뻔함이나 진부함의 구조가 존재한다. 장르마다 반복되는 장르의 법칙이 컨벤션이라면, 장르의 내부에 존재하는 진부함과 뻔한 표현, 개념, 생각 등은 클리세(cliche)라 부른다. 클리세는 우리의 일상생활에 폭넓게 존재하지만 예술작품에서도 일상적으로 발견된다. 장르 만화에 사용되는 클리세는 독자들이나 작가들이 모르고 넘어가는 클리세에서 알고도 재미로 받아들이는 클리세, 그리고 의도적으로 사용된 클리세까지 그 종류가 매우 다양하다.

클리세는 프랑스어 clicher(정형화하다)의 과거 분사형으로 19세기 유럽의 인쇄용어로 연판(鉛版)을 뜻했다. 연판은 활자의 원판을 복제한 조판이다. 1800년경 개발된 이 기법으로 인해 인쇄기를 이용한 대량인쇄가 가능해졌다. 하나로 붙어 있으며, 원판을 똑같이 복제한 클리세는 이후 판에 박은 듯한 문구 또는 진부한 표현이나 생각이나 개념을 비유하는 말로 쓰였다. 그렇다고 해서 클리세가 이론이나 학문적 용어로 사용되지는 않는다. 우리말로 바꾸면 '뻔함' 정도로 번역할 수 있다. 클리세가 그저 텍스트 내부에 존재하는 (서사적이면서 시각적이고, 사회적이며 미학적인) 뻔함 정도로 이야기될 수 있음에도 불구하고 새롭게 거론하는 까닭은 클리세가 생성되고 사용되는 것이 장르 만화의 형성과 발전에 밀접하게 연관을 맺고 있기 때문이다.

작품에 존재하는 클리세는 아무 이유 없이 오래 전부터 그 자리에 그 모양대로 존재했던 것이 아니다. 클리세는 작가와 독자 사이의 커뮤니케이션을 통해 존재하고, 작가와 독자가 속해 있는 사회적 관습에 기초하며, 작품이 속해 있는 장르의 법칙과 연관을 맺는다. 장르 만화가 형성되는 초기에 사용된 독창적인 문구, 칸의 구성, 연출, 작화의 방법, 대사의 표현, 말풍선의 모양, 트릭이나 기타 등등의 것이 장르 만화가 완성된 후 다른 작품에서도 꾸준히 반복, 사용되면서 클리세가 된다. 최근 유행한 패러디 만화는 여러 장르 만화에 사용된 클리세들을 의도적으로 이용하기도 한다. 고병규의 <먹통 X>를 보면 70년대 거대로봇 만화와 리얼로봇 만화, 전대물 등에서 사용되어 우리에게 익숙해진 클리세를 대거 작품 속에 포함시켰다.

작품에 등장하는 클리세는 세 가지로 나누어볼 수 있다. 첫 번째는 사회적 관습 때문에 등장하는 클리세들이다. 이를테면, 아주 오랜 시간 동안 행복한 가정의 클리세는 아빠가 출근하고 엄마가 집안일을 보는 풍경이다. 역으로 불행한 가정의 클리세는 아빠가 집에서 일하고 엄마가 출근하는 풍경이다. 안경 쓴 여성은 못생겼으며, 이 못생긴 여성이 안경을 벗으면 미인이 되는 이야기나 뚱뚱한 여성이 살을 빼고 나면 미인이 되는 따위의 이야기는 사회적 편견을 반영하는 클리세들이다. 아주 오래전부터 두 남자(혹은 여자)가 짝을 이루는 버디 만화 (짝패 만화)에서 한쪽은 과격하고 한쪽은 부드럽다. 머리도 금발과 흑발의 상반된 구조며, 길고 짧은 머리도 있다. 짝패는 이상하리만큼 이항대립으로 구성되어 있다. 두꺼운 검은 안경테는 무엇을 상징하는가? 공부는 잘하지만 겁 많고 소심한 인물이다. 금색 안경테는 잘난 척하는 인텔리다. 도수가 높은 안경(만화에서는 안경에 회오리 문양을 그려넣는다)은 전형적인 모범생에 약한 체력의 소유자다. 때론 성격이 삐딱하기도 하다. (아다치 미츠루의 <미소라>에 등장하는 인물을 보라!) 이 모든 것은 사회적 통념이고 관습에서 시작된 클리세들이다.

두 번째, 일상이 아니기 때문에 발생하는 클리세가 있다. 만화는 기본적으로 생략의 매체다. 칸과 칸을 통해 서사가 이어지기 때문에 생략된 부분들이 존재할 수가 있다. 전화를 걸자마자 연결된다거나 아니면 큰 상처를 입은 주인공이 금방 회복한다거나 하는 클리세는 일상이 아니기 때문에 발생하는 클리세들이다.

마지막으로 장르를 통해 생성되는 클리세가 있다. 한 장르에서 대표적인 장면이 등장하면 이후 그 장면이나 이야기, 표현 등은 클리세로 반복되어진다. 70년대 대표적인 SF 만화였던 요코야마 미츠데루의 <바벨 2세>에 등장하는 바벨탑의 거대한 컴퓨터는 70년대 SF 만화라면 한번쯤 등장했던 클리세다. 설치된 시한폭탄에 빨간 선과 파란 선 두 줄만 남거나 주인공이 도착하는 곳마다 강한 편이 나타나는 것도 역시 액션 만화의 클리세다.

이처럼 수없이 보고 들은 내용들, 다른 만화에서 여러 번 발견한 구조들이 바로 클리세가 된다. 클리세는 무생물이 아니라 장르 만화의 형성 및 발전과 함께 하고 만화사(漫畵史) 속에서 태어나고 성장하며 죽는다. 그리고 죽은 다음에 새롭게 부활하기도 한다. 반복됨, 뻔한 구조가 클리세라고 이야기하지만 반복과 뻔함 구조가 모조리 클리세가 되는 것은 아니다. 문제는 작가의 해석이고 적용이다. 따라서 뻔한 구조, 상식적인 이야기에 기초하고 있어도 작가에 의해 이야기는 얼마든지 풍부해질 수 있다. 권교정의 <올웨이즈>는 여러 클리세가 사용되었지만 그것을 작가의 주도 아래 의도적으로 배치해 성공적인 효과를 거둔 작품이다. 첫 연재분을 클리세 단위로 분석해보자.

①안경을 쓴 날카로운 인상의 주인공은 냉정하며 자신의 세계를 다른 사람에게 침범당하기를 원치 않는다. 이런 주인공을 '냉미남'이라고 부른다. 앞머리가 보통 앞으로 내려오고 눈을 가리기도 한다.

②그렇다면 상대 주인공은 앞머리를 넘겨 이마가 나오게 된다. 밝고 명랑하며 이 주인공 근처에는 친구들이 바글거린다.

③두 주인공의 첫대면은 우연한 부딪침으로 시작된다.

④한 명이 넘어지고, 간혹 다친다.

⑤냉미남은 이 순간을 그냥 넘어가고 싶어하지만, 밝은 주인공은 쓸데없는 참견을 한다.

⑥밝은 주인공이 냉미남에게 관심과 호의를 보이기 시작하면 이를 시기하는 경쟁자가 나타난다.

⑦이 경쟁자는 냉미남과 이항대립하는 스타일을 보인다. 즉, 머리가 검은색이 아니며(만화에서는 보통 하얀색으로 표현), 곱실거린다.

⑧이유 없이 냉미남에게 적대감을 보인다.

⑨비가 오고 냉미남과 밝은 주인공은 한 우산을 쓰고 간다.

⑩밝은 미남이 질투자 때문에 돌아가면 냉미남은 이상하게 허전해진다.

첫 연재분의 이야기는 거의가 우리에게 익숙한 클리셰로 구성되어 있다. 두 주인공과 질투자의 구도는 일반적인 학원물이나 로맨틱 코미디 장르에서 흔하게 반복되는 클리셰다. 두 주인공의 부딪침이나 그 이후의 플롯 역시 로맨틱 코미디 장르나 야오이 장르에서 쉽게 볼 수 있다(로맨틱 코미디는 남자-여자의 구도이고, 야오이는 남자-남자의 구도다). 그러나 <올웨이즈>는 로맨틱 코미디나 야오이 장르처럼 일상에서 배제된 이야기를 그리기보다는 평범하고 일상적인 이야기에 집중한다. 이런 평범함은 독자들에게 해석의 가능성을 열어준다. 독자들은 자신의 장르적 취향에 따라 <올웨이즈>를 야오이물로 읽기도 하며, 일상적인 학원물로 읽기도 하며, 작가의 말대로 프렌드물로 읽기도 하는 것이다. 클리셰는 의도적으로 배치되어 두 주인공 안기현과 이태경의 평범하지 않는 관계를 부각시키지만, 의도적으로 무미건조하게 진행되는 칸 나누기(작가는 캐릭터를 부각시키기 위한 어떤 잔재주도 부리지 않는다. 꽃이나 독특한 문양 따위로 주인공의 배경을 메우거나 아니면 몇 개의 칸을 가로질러 주인공이 등장할 법도 하지만 주인공들은 칸 속에서 이야기를 전하는 데만 열중한다)와 일상에서 벌어지는 자질구레한 이야기로 인해 클리셰는 작가의 의도에 포섭되어버린다.

권교정은 진부한 공식을 충실하게 따라가는 듯하다가 해체하고, 조립한다. 결국 진부함은 새로움이 되어버리고, 독자들은 자신이 알고 있는 뻔한 클리셰의 새로운 활용에 관심을 갖게 되는 것이다.

클리세는 장르 만화의 기본적인 메커니즘의 하나다. 장르 만화뿐만 아니라 우리 삶도 여러 클리세의 모음이다. 우리가 당연하다고 여기는 것, 비판 없이 받아들여지는 것 등이 바로 클리세들이다. 다시 말해 클리세는 의심하지 않는 우리의 상식들이다. 이러한 상식이 삶을 만들고, 그 삶에서 이야기가 나온다. 클리세는 우리 삶을 구성하는 파편으로 우리 상식의 허구를 반영한다. 당연히 독자의 관습에 기댄 장르 만화에서 클리세는 익숙하게 반복, 사용된다. 문제는 작가에 의해 어떠한 방식으로 사용되어지는가에 있다.

장르 만화 속으로

우리는 만화를 구분할 때 관습적으로 3개로 나누어 부른다. SICAF 2002 주제전인 명랑 만화전의 도록 해설에 따르면, "만화를 구분 짓는 분류개념 중 가장 많이 사용되는 구분법은 명랑 만화, 극화, 순정 만화의 3분법"이다. 이러한 3분법은 "독자 대상(아동 만화, 성인 만화 등) 또는 장르(시대 만화, 스포츠 만화, SF 만화 등) 등 일면적인 접근법에 따른 한계를 극복하고, 다분히 종합적인 접근으로 전체 만화를 3개로 분류, 지칭하는 데 용이"하다.16)

3분법은 우리에게 익숙한 구분법이지만 독자 중심 구분과 내러티브 중심 구분이 혼재되어 있는, 관습적이며 광의의 개념으로 차이가 생기는 작품들을 하나로 묶어낼 위험이 많다.

이를테면, 똑같은 순정 만화라도 김미영의 <빌테면 빌어 봐>와 박은아의 <불면증>은 전혀 다른 만화로 읽혀지기 때문이다.

이번 장에서는 장르 만화의 대구분을 중심으로 개별 장르 의 특성과 주요 작품을 살펴보겠다. 장르 만화의 대구분은 SF 장르, 추리 & 미스테리 장르, 호러 & 퇴마 장르, 판타지 장르, 학원물 장르, 열혈 장르, 격투 장르, 전문 & 일상 장르, 멜로 장르, 역사 장르, 개그 장르, 미소년 & 미소녀 장르로 총 12개 로 분류했다. 12개로 분류한 대구분의 핵심은 디테일한 소구 분과 달리 창작자와 독자들에게 장르의 관습이 받아들여지는 익숙한 기준을 중심으로 구분한 것이다.

12개 분류 중 SF, 추리 & 미스터리, 호러 & 퇴마, 판타지, 멜로는 가장 전형적인 장르 구분이다. 이 중 애매한 분류는 호 러 & 퇴마 장르와 판타지 장르다. 이들의 하부 장르는 각각 두 장르에 걸쳐 존재하며 여러 성격으로 혼재되어 있는 경우 가 대부분이다.

특히 판타지 장르의 경우 전통적인 칼과 마법사 장르와 함 께 퇴마 장르를 함께 자신의 뿌리로 하고 있다. 분류하기에 따 라서 여러 교집합을 만들어낼 수 있는, 가장 애매하면서도 활 발한 장르의 움직임을 보여주는 영역이다.

학원물은 말 그대로 학원을 공간적 배경으로 하는 장르를 뜻한다. 학원물은 김성환의 <꺼꾸리군 장다리군>이나 방영 진의 <약동이와 영팔이> 그리고 조흔파의 소설 『얄개전』 등에서부터 익숙해진 전통적인 장르다. 학원을 배경으로 한 작품은 할리우드 영화나 TV 드라마 등에서 반복되어지는 친숙한 구조이기도 하다. 최근 작품 중 전통적인 학원물, 즉 선생님과 학생들이 등장하며 학교의 일상을 다루는 학원물은 서영웅의 <굿모닝 티처>, 이빈의 <걸스> 정도다. 대신 학원물의 주류로 학원 격투물이 강력하게 떠오르고 있다. 이 장르는 일본의 대표적인 작품 <비바 블루스> 이후 80년대와 90년대의 메인스트림의 자리를 석권하며 아직까지도 그 기세를 유지하고 있다. 국내 작품으로는 박산하의 <진짜 사나이>와 임재원의 <짱>이 대표적이다.

격투 장르는 가장 광범위한 장르 만화로 각기 다른 장르의 법칙을 지닌 복잡한 하부 구분으로 나누어진다. 격투 만화보다 일반적이며 친숙한 용어로 액션 만화가 있다. 그러나 '액션(action)'이라는 모호한 용어보다는 '격투(激鬪, fight)'라는 확실한 용어를 사용하는 편이 혼란의 여지를 줄일 수 있다. 격투 만화에는 <헌터X헌터>나 <원피스>와 같은 어드벤처 액션 장르와 전통적인 하드보일드 격투물인 전쟁물, 그리고 주로 형사들이 등장하는 하드보일드 장르와 대전 장르가 있다. 대전 장르는 앞에서 살펴본 대로 80년대 이후 매우 전형화된 장르 만화이며 모든 장르로 확산된 장르의 기본 컨벤션을 보여주는 장르이기도 하다.

전문 & 일상 장르는 매우 복잡하며 모호한 장르 구분이기도 하다. 그러나 엄연히 통용되고 있는 장르이며 하나의 거대한 흐름을 이루고 있다. 전문 & 일상 장르는 소재적인 구분이지만 최근에는 오히려 장르에 가까운 발전을 보여주고 있으며, 서로 유사한 패턴으로 닮아가고 있다. 먼저 전문 만화는 주로 일상의 전문적인 영역에서 발생되는 다양한 에피소드들을 풀어나가는 만화를 뜻한다. 우리나라보다 일본에서 발전했다. <맛의 달인>을 시작으로 수없이 반복, 변주된 요리 만화들이 이 범주를 차지하고 있고, 다른 한쪽으로는 <명가의 술>이나 <중역비서 리나>처럼 전문직 종사자를 다룬 만화들이 자리를 차지하고 있다. 일상을 다룬 만화는 반복적인 일상의 패턴에서 재미를 찾아내는 만화로 생활 만화, 가족 만화로 불려도 좋을 작품들이다. 장르의 전형에 가장 충실하며 새로운 시도를 보여준 작품은 홍승우의 <비빔툰>이다.

12개의 대구분 중 동아시아 만화(일본 만화와 우리나라의 만화)에서만 도드라지는 장르거나 최근의 경향을 보여주는 장르는 부조리 만화, 미소년 & 미소녀 만화 그리고 열혈 만화가 있다. 이들 장르는 주로 일본을 중심으로 발전해 우리나라에서도 큰 인기를 끌고 있는 장르 만화들이다.

이들 만화 중 주목할 만한 장르 만화들을 작품과 함께 살펴보자.

부조리 만화

90년대 들어 가장 특징적인 장르 만화로 떠오르고 있는 것

중 하나가 부조리 만화다. 이 장르는 말 그대로 부조리함을 보여주는 데 주목한다. 모치즈키 미네타로의 <물장구치는 금붕어>나 <카오루의 일기>를 보면 비일상적인 개그에서 출발해 청춘의 불안까지를 담아내고 있다. 역시 이 장르의 대가는 <렛츠고 이나중 탁구부>와 <크레이지군단>, <그린힐>, <두더지>, <시가테라>로 이어지는 후루야 미노루다. 후루야 미노루의 작품만 보더라도 부조리 만화가 무엇을 겨냥하고 무엇을 보여주려 하는지 명백하다. <렛츠고 이나중 탁구부>만 하더라도 주류의 경쟁에서 탈락한 비일상적인 주인공들의 일탈적 개그만을 보여주는 듯했다. 그러나 최근작인 <두더지>에서는 자아에 대한 존재적 상실감에 이르고 있다.

부조리 만화가 우리나라에서 크게 유행하게 된 배경에는 엽기 코드의 유행도 한몫한다. 우리나라에서 일반적으로 엽기 만화라 불리는 만화, 플래시, 그림 등은 장르적 관점에서 보면 부조리 만화와 일맥상통한다. 엽기 만화의 범주를 대략 구분해보면, ①언더그라운드 만화에서 한 경향을 꼽을 수 있다. 주류인 상업 만화와 반대의 길을 걸어가는 언더그라운드 만화에는 조악한 그림에 황당한 내용의 작품이 많았다. 신일섭 같은 경우는 왼손을 이용해 낙서 같은 만화를 그리기도 했다. ②패러디 만화를 꼽을 수 있다. CF, 드라마, 영화의 장면들을 비틀어 자신의 작품에 삽입하고 그 권위를 부정하는 작품으로 고병규의 <파이팅 브라더스>와 전상영의 <미스터 부>가 있다. ③배설물을 소재로 한 개그 만화가 있다. 아마오카 켄지의 <우당탕탕 괴짜가족>이 대표적이다. ④그리고 앞에서 소개한 모치즈키 미네타로나 후루야 미노루의 작품이 있다.

이들을 관통해 엽기라는 이름으로 하나로 묶어내는 핵심은 바로 '금기'에 대한 도전이다. 엽기는 우리가 접근해선 안 되었던, 혹은 그다지 접근할 필요가 없었던 낯선 영역을 집요하게 파헤친다.

부조리 만화의 대표적인 작품으로 전상영의 <미스터 부>와 신정원의 <닥터 Q의 신나는 병원놀이>를 꼽을 수 있다. 전상영의 <미스터 부>는 백수를 주인공으로 내세운 부조리 만화로 CF, 만화에서부터 시작해 정치·사회 문제가 온통 뒤섞여서 패러디되어 있는 만화다. 웹진에 연재된 후 단행본으로 출판된 <닥터 Q의 신나는 병원놀이>는 한마디로 신체를 가지고 노는 만화다. 늘 어딘가가 아픈 엄살씨는 정체불명의 병원을 찾는다. 그곳에는 역시 정체불명의 닥터 Q와 조폭 출신의 양간호사가 근무한다. 그들은 엄살씨의 신체를 상상도 못할 방법으로 괴롭히고 거액의 치료비를 청구한다. 다리미로 심장 마사지하기, 자동카메라로 내시경 찍기, 호치키스(스태플러)로 상처 찍어놓기, 변기물과 세제로 장세척하기 등 차마 글로 표현하기 힘든 방법들이 동원되는 치료가 진행되는 동안 엄살씨의 신체는 '몸'이라는 익숙한 관념에서 이탈해간다. 그 순간 이 만화는 엽기가 된다.

하지만 최근에 발견되는 만화의 부조리는 더 파격적이다.

형식적 부조리, 표현의 부조리를 넘어서는 부조리 만화가 등장한 것이다. 우리말로 표현하면 어처구니없는 만화들이다. 이토 준지의 공포 만화나 다이지로 모로호시의 공포 만화는 '공포'라기보다는 '부조리'에 가깝다. 한마디로 어처구니없다. 처음 접하는 사람들이라면 "이게 뭐야?"라는 반문이 나올 정도로 황당하다. 적어도 공포 만화에서 있을 법한 클리셰나 컨벤션은 찾아보기 힘들다. 소용돌이의 힘에 지배당해 온통 소용돌이 모양을 하고 있거나, 다른 세계에서 온 듯한 거대한 얼굴 모양의 아내와 자연스럽게 살고 있고, 공원의 쓰레기 봉투에서 발견한 토막살해당한 목을 어항에 키우는 말도 안 되는 부조리가 자연스럽게 존재한다.

이토 준지나 다이지로 모로호시의 만화는 마치 얼마나 황당한 부조리를 서로 계발하는지를 내기하고 있는 듯한 만화로 보인다. 도끼를 든 살인마가 방탕한 청소년을 죽이거나, 검은 양복을 입은 송곳니의 뱀파이어가 나오는 공포 만화를 기대한 독자라면 이 두 작가의 공포 만화에서 '공포'를 경험하기 힘들 것이다. 또한 현실에 근거한 불가사의한 일에서 스릴을 느끼는 미스터리 팬들이라면, 현실과 미스터리의 교차점에서 느껴지는 그 짜릿함을 이 만화에서 단 한번도 경험하지 못할 것이다.

이토 준지와 다이지로 모로호시의 공포 만화에서 에피소드가 시작되는 지점은 현실에서 이탈하는 지점이다. 마치 4차원의 세계로 들어가듯 주인공들은 공포의 세계로 들어간다. 그러나 주인공들에게는 그 세계가 공포일 수도 있지만, 독자들에게는 아니다. 만화는 칸과 칸으로 분리되어 있기 때문에 영화에서처럼 어둠 속에서 스크린과 조우하는 공포나 놀라게 함이 효과적으로 사용될 수 없기 때문이다. 독자들은 주인공들이 괴로워하는 모습을 어처구니없이 바라보게 된다. 그 어처구니없음에 만화 읽기를 포기하면 그걸로 끝이다. 하지만 어처구니없음이 주는 재미, 부조리한 이야기들이 만화 내부에서 일정한 법칙을 지니며 움직이는 재미를 느끼기 시작하면 이 만화들은 나에게 묘한 카타르시스를 준다.

이토 준지의 만화 주인공들이 어처구니없는 일로 고통을 겪는 패턴이라면, 다이지로 모로호시의 만화 주인공들은 자신들에게 다가오는 황당한 사건과 고통이 현실에서 분리되면서 일어난다는 사실을 알고, 그것을 즐긴다. 똑같은 상황이라도 이토 준지 만화의 주인공들에게는 공포고, 다이지로 모로호시 만화 주인공들에게는 스릴인 것이다.

이토 준지의 만화가 현실적이라면, 다이지로 모로호시 만화는 놀이공원 타입이다. 다이지로 모로호시 만화에서 같은 반 여학생인 시오리와 시미코는 황당한 사건에 곧잘 연루되지만 당황하지 않고 오히려 그 상황을 즐긴다. 호기심이 왕성한 시오리는 도통 겁이 없고 새로운 사건에 휘말리는 것을 좋아한다. 고서점을 하는 시미코는 늘 이상한 책을 가지고 와 사건에 발단을 제공한다.

즉, 이런 식이다. 토막살해당한 머리를 발견한 시오리가 시미코를 부르고, 다음날 시미코는 『살아 있는 목의 사육법』이라는 책을 가지고 와 수조에서 잘린 머리를 키우는 방법을 가르쳐준다. 잘린 목은 물고기처럼 수조 안에 적응해, 실지렁이를 받아먹고 눈동자를 움직이기도 한다. 두 소녀는 이 목에게 류노스케라는 이름을 지어주기도 하지만 도저히 키우기가 곤란해지자 강에 방생한다. 강으로 들어간 류노스케가 잉어에게 쪼이자 두 소녀는 걱정하다가, "앗! 잉어를 물었다…… 좋았어! 씩씩하게 살아라!"라며 응원도 보낸다. 이렇게 두 소녀는 자신들에게 일어나는 어처구니없는 일들을 즐기며 살아간다. 쫓겨 다니며 괴로워하는 이토 준지 만화의 주인공들에 비해 더욱 부조리한 주인공들이다.

무섭지 않은 공포 만화라서 밤에 봐도 아무런 상관이 없다. 너무나 어처구니없어 꿈에도 나오지 않는다. 어차피 꿈도 현실에서부터 시작되는 것이니까. 하지만, 이 만화를 읽을수록 우리의 삶과 유사하다는 느낌을 받게 된다.

'라비린스'라는 단편은 한 망해가는 놀이공원의 미로에 대한 이야기다. 이 미로에 들어간 시오리와 시미코는 일상으로 돌아오지만 여전히 미로 속이다. 시오리는 한 달 동안 화장실을 가기 위해서 벽장과 정원과 아빠의 서재를 지나야만 하고, 방으로 가기 위해 베란다의 좌측 두 번째 유리문을 지나, 1층 복도와 침실 옷장을 통과해야 한다.

하지만 이 미로는 놀이공원에서 단서로 받은 양배추와 고기 사이라는 키워드를 풀면서 해결된다. 냉장고로 들어간 시오리가 거대한 도서관에 있는 시미코를 만나고, 이들이 미로로 돌아가며 출구를 찾게 된다는 이야기다.

미소년 & 미소녀 만화

만화부터 시작해 사회·문화적 차원으로 확장돼간 시각 이미지의 특징 중 하나가 '미소년과 미소녀'다. 가장 중요한 부분은 시각 이미지의 차원이다. 미소년의 경우 예전에 보았던 근육질의 남성이나 굵은 선의 캐릭터와 확연하게 구분된다. 이케가미 료이치나 이현세의 만화에서 보았던 직선적인 인물형 대신 여성성이 강화된 시각 이미지가 강조된다.

미소년은 대략 두 가지 형태로 발견되어 진화되었다. 미소년을 만화에서 처음 발견한 것은 팬들이다. 이들은 자신이 즐기는 만화에서 매력적인 소년들을 골라냈다. 이들에 의해 동인지 문화가 시작되었고 일본을 중심으로 한 동아시아 특유의 소녀 팬덤이 만들어진다.

동인지활동을 하는 여성들은 다양한 만화에서 미소년들을 골라내었다. <세인트세이야>에서 시작된 미소년 열풍은 <드래곤볼>, <슬램덩크>, <유유백서> 등 80년대 후반의 히트작을 거친 이후 최근에는 거대한 시장을 형성할 정도가 되었다. 이러한 동인지 시장의 패러디 미소년과 함께 <절애-1989->와 <브론즈>라는 두 작품으로 야오이 장르를 개척한 오자키 미나미 스타일의 차갑고 강렬한 카리스마의 미소년들이 빛을 발하기 시작했다. 이처럼 여성 팬들이 소년지 만화에서 골라낸 미소년은 동인지 시장을 통해 하나의 장르적 경향으로 굳어졌다.

이영유의 만화 <K2>의 캐릭터들은 모두 다 지금 바로 동인지에서 나온 듯하다. 작가는 동인지의 기본 설정인 남-남 커플링의 설정을 대신해 얼굴이 똑같이 생긴 사촌 임정후(남)와 임태연(여)을 바꾸었다. 남장여인의 설정은 일본 소녀 만화의 시발점으로 평가받는 데즈카 오사무의 <리본의 기사>에서부터 시작된 전통적인 장르의 컨벤션이다.

하지만 <K2>에서 남장여인의 설정은 남장여인의 전통에서 시작된 것이라기보다는 동인지의 미소년 커플링을 대체한 개념이다. 표면적으로는 동인지의 남남 커플링이지만, 남장여자라는 안전판으로 인해 <K2>는 제도권의 미소년 만화의 전형을 정립한다.

미소녀 만화는 에구치 히사시의 <스톱! 히바리군>, 가츠라 마사카스의 <전영소녀>를 통해 구체적으로 독자들에게 다가왔다. 이들 미소녀 만화의 히로인들은 귀여운 얼굴에 좋은 발육의 몸을 자랑한다. 순진한 남자 주인공은 얼굴을 붉히고, 당당하며 헌신적인 히로인들은 당황하는 주인공들에게 육탄공세를 가한다. <스톱! 히바리군>은 여장남자라는 사실을 내세웠지만 귀여운 히로인의 무차별적인 공세를 다루었다.

<전영소녀>에 이르면 나만을 위한 미소녀라는 개념이 등장했고, 후지시마 코스케의 <오! 나의 여신님>에서는 평범한

주인공이 세 명의 매력적인 여신을 거느리고 산다는 설정으로 넘어가게 된다. 이쯤에서 등장하는 장르 개념이 '하렘물'이다. 마치 주인공을 위한 여성으로 가득 찬 이국적인 궁전처럼 하렘물은 온통 매력적인 미소녀들로 가득하다. <오! 나의 여신님> 이후 하렘물은 전성 시대를 맞이한다.

아카마츠 켄의 <러브 인 러브>는 기숙사를 배경으로 매력적인 미소녀들을 주인공에게 잔뜩 안겨주는 작품이다. 미소녀 만화는 SF 만화와 이종교배하면서 메이드 안드로이드 (인조인간)라는 기묘한 상상력의 산물을 만들어놓는다. 메이드 안드로이드는 말 그대로 가정부 복장을 한 미소녀 안드로이드. 안드로이드이기 때문에 남자 주인공의 완전한 종속물이 될 수 있다.

아카토리 사토루와 코토요시 유미스케의 <세이버 마리오넷 J>는 여자가 살지 않는 혹성 테라츠의 오타루가 우연히 미소녀 안드로이드들을 얻게 되면서 벌어지는 해프닝이다. 카이사쿠의 <강철천사 쿠루미>는 다이쇼 시대를 배경으로 한 미소녀 안드로이드 장르다.

열혈 만화

쓰러져도 다시 일어나고, 목숨을 걸고 지구를 지키고, 죽을 힘을 다해 경기에 임하는 것. 이것이 바로 열혈의 정신이다. 열혈은 독자를 내러티브로 끌어당기는 역할을 한다. 나약한 주인공이 점차 불타올라 자신의 모든 것을 걸고 경기에 임하는 장면은 열혈 만화에서만 얻어지는 가슴 벅찬 매력이다. 열혈이 가장 어울리는 장르는 스포츠 만화다.

달린다. 달리고 또 달린다. 내가 차이를 좁히고 다음 주자에게 바톤을 넘긴다. 그리고 그 다음 주자가 또 차이를 좁힌다. 우리는 승리할 것이다(사카타 노부히로, 나카하라 유 <스타트>). 풍진으로 귀가 들리지 않는 풍진 장애아들이 야구를 하려고 한다. 야구란 타구의 소리를 듣고 움직여야 하지만 장애아들은 그럴 수 없다. 온 몸을 내던지며 야구를 하려고 하지만 힘들다(야마모토 오사무 <머나먼 갑자원>). 중학시절 베스트 주니어 랭커였던 타키타 루이. 고등학교에 들어와 테니스 서클에 가입하며 다시 라켓을 잡는다. 중학시절 육상의 톱스타이데 노부히사, 다카다 히나코에게 반해 테니스 라켓을 잡는다(마리모 라가와 <Just Go Go>). 귀족 가문에서 곱게 자란 햐야미 아키라. 자신의 삶을 개척하기 위해 경정(1인용 모터보트 레이스)에 뛰어든다(테라시마 유, 코이즈미 야스히로 <경정소녀>).

중학시절 좋은 성적은 내지 못했지만 탁월한 슈터인 한국지와 게임메이커 유진. 한강고의 축구부로 그들이 거듭난다(박산하 <레드 붐 붐>). 수십 킬로그램에 이르는 체중을 감량하고 아버지의 뜻을 잇기 위해 링에 선다(허영만 <무당거미>). 프로야구에서 실패한 선수들을 모아 지옥훈련을 거쳐 새로운 외인구단으로 만들어낸다(이현세 <공포의 외인구단>).

이제 만화에서 열혈은 단순히 내러티브의 뜨거움을 만들어 내는 장치가 아니라 만화 속에서 새롭게 해석되는 장르의 요소로 자리잡았다. 학원 폭력물과 열혈 스포츠물을 패러디한 오와다 히데키의 <폭렬 갑자원>처럼 일본 만화는 장르 만화를 새롭게 해석하고 있는 것이다.

장르 만화의 진화 : 판타지의 계보

장르 만화는 시대의 변화와 함께 진화한다. 그 변화를 가장 드라마틱하게 엿볼 수 있는 장르 중 하나가 바로 판타지 장르다. 만화의 가장 큰 특징은 판타지이고, 만화의 형식은 판타지를 구현하기에 가장 적당하도록 진보했다. 그래서 판타지처럼 보이지 않는 만화들조차 판타지의 힘으로 이야기를 끌어간다. 일상성에 기초한 명랑 만화들에서 나오는 믿지 않는 과장(드럼통으로 만든 비행기를 타고 보물섬을 찾아가거나, 예고 홈런을 치거나, 머리에 커다란 혹이 달리는 등)은 물론 우리에게 익숙한 모든 만화들이 기본적으로 판타지에서 상상력의 꽃을 피워냈다. 어린 소년이 빼어난 능력을 소유해 첩보원이 되거나, 로봇을 조종하거나, 사람을 잡아먹는 괴물과 싸우거나, 요괴들을 만나거나, 아니면 마구를 던지게 되는 등 만화라면 익숙하게 등장하는 것이 판타지다.

흔히 판타지 장르의 첫머리에 1954년 출판된 J.R.R. 톨킨의 소설 『반지의 제왕』을 꼽는다. 톨킨은 이 소설에서 인간은 물론 엘프, 드워프, 오르크, 호비트 등과 같은 다양한 종족과 이들이 살아가는 중간계라는 새로운 세계를 디자인했다. 켈트, 북유럽 신화와 기사문학 등의 요소에 기반을 둔 톨킨의 소설은 이후 판타지 장르의 모범이 되었다. 마법사, 기사, 요정 등이 등장하는 만화라면 톨킨의 소설에 뿌리를 두고 있다고 보는 것이 타당하다. 그런데 동아시아에도 전통적인 판타지 장르가 존재했다. 각각 개성적인 능력을 보유한 의인화된 동물들이 삼장법사와 함께 천축으로 여행을 떠나며 요괴를 퇴치하는 오승은의 『서유기』는 가장 대표적인 동아시아의 판타지다. 이 두 개의 뿌리에서 판타지 만화는 싹을 틔웠다. 『반지의 제왕』에서 피어난 가지는 『로도스도전기』, <아스루란전기>와 같은 일본판 판타지 소설과 만화를 낳았으며, 여기에 영향을 받아 김태형의 <레드블러드>와 양경일의 <소마신화전기>가 탄생되었다. 신일숙의 <리니지>와 권교정의 <헬무트>역시 『반지의 제왕』의 뿌리에서 뻗어나간 가지에 열린 열매다. 가끔 열매가 뿌리를 부정하기도 하는데, 독특한 개그 만화인 야가미 류의 <엘프사냥꾼>이나 칸자카 하지메 원작의 <슬레이어즈>가 대표적인 작품이다.

데즈카 오사무의 <도로로>는 일본과 동양의 설화에서 나오는 요괴가 등장하는 작품으로 『서유기』의 영향을 받은 작품이다(데즈카 오사무는 『서유기』를 만화로 옮기기도 했다). 요괴가 등장하고, 요괴를 퇴치하며, 그들과 함께 운명을 걸고 싸우는 이른바 퇴마물의 익숙한 패턴은 『서유기』와 <도로로>를 거쳐 완성된 것이다. 이후 나가이 고의 <데빌맨>은 악마와 인간의 싸움, 악마들이 사는 공간, 세기말적 분위기를 보여주었고, 이러한 경향은 하기와라 카즈시의 <바스타드>와 토가시 요시히로의 <유유백서>로 이어졌다. 한편, 미우라 켄타로우의 <베르세르크>는 중세를 배경으로 한 퇴마 액션 판타지. 본격적인 퇴마의 경향은 오기노 마코토의 <공작왕>에서 다카다 유조의 <3X3EYES>로 이어졌고 이러한 퇴마물의 줄기는 양경일의 <아일랜드>, <좀비헌터>, <신암행어사>를 낳았다. 이마 이치코의 <백귀야행>은 <도로로>의 뿌리에서 태어난 낯선 열매. 이강우의 <리버스>는 『반지의 제왕』의 줄기와 『서유기』의 줄기에 붙어 있는 하이브리드형 판타지다. 『서유기』는 소재로도 여러 번 각색되었는데, 대표작은 도리야마 아키라의 <드래곤볼>이다. <드래곤볼>이 이룩한 팬시형 판타지는 허영만의 <날아라 슈퍼보드>와 이충호의 <까꿍>으로 이어졌다. 고진호의 <서유기 플러스 어게인>은 <리버스>처럼 양쪽의 여러 경향들에 영향을 받은 작품이다. 이처럼 우리에게 익숙한 판타지 만화들은 『서유기』와 『반지의 제왕』이라는 동서양의 대표적인 판타지 소설에 뿌리를 두고 발전하며 하나의 거대한 나무를 이룬 것이다.

[표] 판타지 만화의 계보 중 주요 작품

작가	작품	진화 과정
톨킨	·『반지의 제왕』	켈트, 북유럽 신화와 기사문학 등이 혼재된 소설로 서구 판타지 문학의 시조.
오승은	·『서유기』	불교사상 및 동양의 여러 설화가 집대성된 명나라의 전기문학.
데즈카 오사무	·<도로로>	일본 및 동양의 여러 설화에 등장하는 마물이나 요괴 등이 등장하는 첫 번째 작품으로 1967년 8월 27일부터 1968년 7월 22일까지 『주간 소년 매거진』에 연재된 작품임.
나가이 고	·<데빌맨>	인간과 악마의 공존, 악마와 맞서 싸움, 적대적 관계와 세기말 분위기.
하기와라 카즈시	·<바스타드>	<데빌맨>에서 영향을 받은 듯 각각 악마와 인간이 공존하며 싸운다. 특히 악마의 힘에 포커스를 맞추는 것은 <데빌맨>에서 보아온 것이다.
토가시 요시히로	·<유유백서>	<데빌맨>, <바스타드>에서 영향을 받은 세기말적 판타지.
다카다 유조	·<3X3EYES>	마물들과의 싸움이 전개된다. <도로로>에서 등장한 삼목인(三目人, 눈이 세 개인 사람)이 주인공이다.

미우라 켄타로우	·<베르세르크>	중세의 고딕적 분위기에 <데빌맨>적 설정.
도리야마 아키라	·<드래곤볼>	『서유기』의 현대적 버전업. 팬시형 판타지 격투물의 시조
야가미 류	·<엘프사냥꾼>	서구 판타지의 설정에 개그를 결합한 작품.
칸자카 하지메	·<슬레이어즈>	
허영만	·<날아라 슈퍼보드>	『서유기』의 버전업, 개그적 설정.
고진호	·<서유기 플러스 어게인>	『서유기』의 버전업에 액션 판타지의 설정이 더해짐.
양경일	·<아일랜드> ·<좀비헌터>	전형적인 퇴마물의 코드로 진행시킴.
이명진	·<라그나로크>	
김은정	·<아스피린>	
타나카 요시키, 나카무라 치사토	·<아스루란전기>	서구 판타지의 영향을 받은 '마법사와 검'의 장르적 특성을 보여주는 작품.
미즈노 료, 마츠모토 마사토	·<로도스도전기> ·<영웅기사전>	
아키타 요시노부, 하지메 사와다	·<마술사 오펜>	
김태형	·<레드블러드>	'마법사와 검'의 영향을 받아 일본에서 형성된 판타지 장르인 전기(戰記) 만화의 영향을 받은 작품.
황용수, 양경일	·<소마신화전기>	
박성우	·<팔용신전설> ·<팔용신전설 플러스>	전기 만화에 퇴마적 설정, SF의 분위기까지 한꺼번에 혼합된 하이브리드 만화.
이강우	·<리버스>	서구 판타지의 설정을 기초로 한 일본식 액션 판타지.
이충호, 엄재경	·<까꿍>	<드래곤볼>의 큰 아우라에 존재하는 만화.

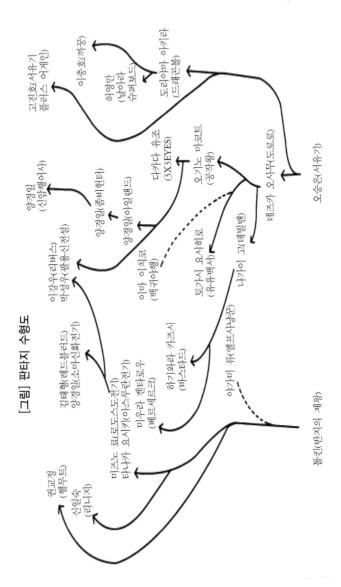

[그림] 판타지 수형도

고전호(서유기)
롤플라스 어게인

이츠호(가공)

하영만
(날아라
슈퍼보드)

도리야마 아키라
(드래곤볼)

양경일
(신암행어사)

양경일(좀비헌터)

오가노 마코토
(공작왕)

오승은(서유기)

다카다 유조
(3X3EYES)

양경일(아일랜드)

메즈키 요사무(도로로)

이강우(리버스)
박성우(발용신전설)

이마 이치코
(백귀야행)

토가시 요시히로
(유유백서)

나가이 코(데빌맨)

김태형(레드블러드)
양경일(소마신화전기)

미우라 켄타로우
(베르세르크)

하기와라 카즈시
(바스타드)

미즈노 료(로도스도전기)
타나카 요시키(아르스루전기)

야가미 류(엘프를사냥꾼)

권교정
(헬무트)

신일숙
(리니지)

톨킨(반지의 제왕)

한국, 일본, 미국의 장르 만화 비교

SF, 매력적인 반복 체험의 장

SF 장르는 범세계적이며 대중적이다. 과학적 상상력을 바탕으로 하고 있으며 할리우드 영화나 TV 드라마를 통해 반복 체험을 경험하고 있기 때문이다. 주디스 메릴에 의하면 SF는 우주와 인간에 대한 깨달음을 보여주고, 미래에 대한 예견과 경고를 제시하며, 과학과 기술의 대중화를 주요 사명으로 하는 문학이다. 미래를 향해 나아가고픈 혹은 우주를 비행하고픈, 새로운 생명을 탄생시키고픈 불가능에 대한 인간의 꿈을 구현하는 장르가 SF다.

SF 장르는 소설에서 시작되었다. SF 소설의 첫머리에는 메리 셸리의 『프랑켄슈타인: 또는 현대의 프로메테우스』(1818)가 놓여 있다. 우리에게 낯익은 괴물 프랑켄슈타인이 등장하는 소설이다. 이후 『우주전쟁』, 『타임 머신』처럼 70년대 다이제스트판 SF 소설의 주인공 H.G. 웰즈(H. G. Wells, 1866~1946)와 <푸른바다의 나디아>에 모티프를 제공한 걸작 『해저 2만리』의 베르느(Jules Verne, 1828~1905)에 의해 SF는 점점 상상의 세계를 넓혀나갔다.

대공황기를 맞이한 미국인들의 고단한 삶을 위로해준 것은 할리우드의 영화와 싸구려 소설이었다. 이 시기 상상력의 꽃이라 할 수 있는 SF는 폭발적으로 확산되고 발전되어갔다. 로봇의 아버지이자 『파운데이션』의 작가인 아이작 아시모프(Isaac Asimov, 1920~1992)나 『2001년 오디세이』의 아서 C. 클라크(Arthur C. Clarke, 1917~), 『스타십 트루퍼즈』의 로버트 앤슨 하인라인(Robert Anson Heinlein, 1907~1988) 등의 SF 작가들이 모두 대공황기에 활발히 활동을 시작했다. 제2차세계대전이 끝난 후 미국의 과학기술은 급속도로 발전했다. 컴퓨터가 등장하고, 우주선이 만들어지고, 달에 착륙했다. SF 역시 가장 사랑받는 대중소설이 되었고, 수많은 할리우드 영화에 원작을 제공했으며, TV의 시리즈물로 제작되었다. 미국의 대중문화에 직접적인 영향을 받은 일본과 우리나라에서도 SF는 큰 인기를 끌었다. 초기 SF 걸작들은 영화와 드라마로 제작되어 일본과 우리나라에 소개되었다. 대규모 자본이 투여되는 SF 영화나 드라마를 만들 수 없었던 일본과 우리나라는 만화를 통해 SF 장르를 꽃피웠다. 특히 일본은 아시모프의 소설에 등장한 로봇에 대한 상상력을 극대화시켜 로봇물로 SF의 장르를 확대시켰다.

SF 장르는 특정 장르가 만화를 통해 어떻게 독자들과 만나는가를 보여주는 좋은 텍스트가 된다. 미국과 일본, 우리나라는 동일한 SF 장르라도 색다른 양상을 보이며 발전시켰기 때문이다. 국가별로 SF 장르를 탐구하는 데 있어 가장 중요한 점은 SF를 즐기는 기반에 있다. 미국과 일본은 모두 SF 소설이 활발하게 창작되어져 팬들에게 소비되는 데 비해 우리나라 SF 시장은 형편없는 상황이다. 반면, 영화나 드라마로 제작된 SF[「스타워즈(Star Wars)」, 「스타십 트루퍼즈(Starship Troopers)」, 「터미네이터(The Terminator)」와 같은 영화나 「X-파일(X-file)」과 같은 드라마]는 우리나라에서도 큰 인기를 끌고 있다. 동일한 SF 장르를 수용하는 데 있어 미국이나 일본이 뿌리에서부터 출발한다면 우리나라는 결과에만 집착한다. 게다가 우리나라는 SF 장르가 어린이용이라는 뿌리깊은 편견이 강하다. 일본만 하더라도 <기동전사 건담(機動戰士 ガンダム)>이나 <은하영웅전설(銀河英雄傳說)>과 같은 작품을 통해 청소년 및 성인층으로 팬을 확대시켰는 데 비해 우리나라의 경우 70년대 이후 SF 만화는 근근이 그 명맥만을 유지해오고 있는 상황이다. 장르 만화로 SF를 바라보았을 때, 이제 우리는 우리나라가 안고 있는 모순점들, 즉 얄팍한 뿌리에서 비롯되는 기본기 없음, 안정적인 수용자층의 부재 등의 모순과 마주해야 한다.

한국 : 외로운 작가들의 고군분투

한국의 SF 만화는 50년대 딱지 만화부터 시작해 70년대까지 명랑 만화와 함께 한국 장르 만화의 양대 축을 이루고 있었다. 그러나 90년대 이후 우리나라에 소개된 격투 장르나 학원 장르에 밀려 지금은 변방의 장르로 겨우 명맥만을 유지하고 있는 실정이다.

1952년 발간된 최상권의 <헨델박사>는 50년대 SF를 짐작케 해주는 작품이다. 화려한 결투, TV 방송국, 인조인간, 신기술이 결집된 새로운 무기, 방사선 무기 등이 등장하는 SF 만화다. 60년대의 SF 중 가장 유명한 작품은 김산호의 <라이파이>다. 이 작품은 1959년부터 발표되기 시작해 1967년 끝날 때까지 폭발적인 인기를 누렸다. 태백산맥 깊숙한 곳에 인공 안개로 둘러싸여 있는 라이파이 요새, 최첨단 제비기, 공중을 부양해 날아다니는 에어카(Air-Car), 라이파이의 허리에 부착된 호출기, 무선으로 조종되는 레이저 포, 홀로그램 등 김산호의 번득이는 과학적 상상력이 돋보이는 작품이다. 무엇보다도 <라이파이>의 인기는 화려한 돌려차기로 대표되는 라이파이의 탁월한 격투솜씨다.

서부극이나 권법물을 차용한 당대의 다른 격투물에 비해 잉카의 여왕, 외계의 대왕 등 지구를 침략하려는 악의 세력에 맞서 각종 첨단 무기를 동원한 라이파이의 활극은 60년대 독자들에게는 경이로운 세계였다.

60년대 만화 중 또 다른 SF는 <홍길동>으로 유명한 신동우의 1962년 <싸워라 지구함대>와 <날쌘돌이의 21세기>다. 서기 2099년 지구 대기권 속에 '시리우스' 성좌의 '찌길'이라는 별이 들어온다. 지구와 환경이 흡사한 제2지구의 독재자인 흐루쵸크는 그곳의 왕을 죽이고 정권을 장악한 뒤 지구를 지배할 욕심으로 제2지구를 무노프에게 식민지로 바친 후 찌길의 힘을 빌려 지구를 침범한 것이다.

철호와 희숙이 탑승한 '지구함대'는 이들을 무찌르기 위해 출동한다. 지구함대의 파일럿 철호와 희숙, 그리고 제2지구의 왕위 계승자인 큐-보이와 지구를 침략하려는 흐루쵸크와 찌길성의 황제 무노프의 대결을 그린 작품. 이 작품은 특이하게도 매우 구체적인 우주탐사 일정을 제시하고 있다. <싸워라 지구함대>는 작품의 배경을 전우주적으로 확장시켰으며 매우 세세한 우주탐사 일정을 제시했다.

70년대 일본의 소년들을 사로잡은 거대로봇물은 이제 막 TV가 보급되기 시작한 우리나라의 소년들도 한번에 사로잡는 마력을 발산했다. SF 장르에서 분화한 로봇물, 특히 수십 미터에 이르는 거대한 로봇물은 일본에서 시작된 독특한 그들만의 장르였다.

70년대 일본의 경제는 50년대 한국전쟁을 기반으로 고도성장의 기틀을 마련한 뒤 60년대에도 고도성장을 계속했다. 그러나 1973년 세계적인 석유파동과 그 이후의 인플레이션은 일본 경제의 고도성장에 종지부를 찍게 했다. 그 시점에 로봇 만화가 출현했다. 일본인들은 성장기반이 되었던 중공업에 대한 추억을 로봇 만화에서 되찾았다. 아울러 60년대에 실패한 학생운동 이후 대안이 없었던 일본 사회는 불타오르는 파일럿, 힘을 소유한 로봇의 정의를 갈망했던 것이다. 그 시대 일본의 로봇과 그 로봇을 모는 열혈 파일럿들은 고도성장의 종식과 학생운동의 실패에 뿌리를 두고 있던 것이다.[17]

이처럼 일본의 70년대라는 특수한 상황에서 출현한 거대로봇물은 우리나라에 극장판 애니메이션 <로보트 태권 V>(감독 김청기)를 낳게 했다. 이들 애니메이션은 열악한 국내 SF 시장에 새로운 대안으로 떠올랐다. 그다지 특별한 SF 만화가 없던 시기에 한재규, 김형배, 차성진 등에 의해 애니메이션 원작 시나리오가 출판 만화로 옮겨졌고 독자들에게 큰 사랑을 받았다.

계보상 일본의 거대로봇 애니메이션에서 자유로울 수 없는 이들 작품과는 별도로 70년대에 매우 빼어난 오리지널 캐릭터가 존재했다. 이정문의 <철인 캉타우>, <녹색별을 찾아라>, <알파칸의 세균전쟁> <UFO에서 온 소년 루카> 등이다.

1976년도에 『새소년』에 연재되기 시작한 <철인 캉타우>는 고대에 지구를 방문한 외계인, 그리고 그들이 가져온 거대로봇이라는 참신한 설정을 보여준다. 게다가 한정된 에너지 개념을 도입한 점이나 피라미드 비밀 기지가 빙산으로 위장된 설정, 벼락을 통해 공급되는 에너지원 등은 지금 보아도 매력적이다. 무엇보다 제일 놀라운 점은 로봇 '캉타우'의 오리지널리티다. 우리말 '깡다구'에서 유래된 '캉타우'는 왼손은 철퇴고 오른손은 일반 주먹으로 디자인되어 있다. 좌우가 똑같아야 된다는 고정관념을 여지없이 깬, 참신한 디자인이다. 줄거리도 아동용으로는 치부하기에 어려운 부분이 많다. 악당인 스펠터는 지구인의 환경파괴를 막기 위해 지구를 점령하려고한다. 그리고 캉타우와 카우카는 지구의 운명은 지구인에 의해 움직여야 한다고 이야기한다. 환경파괴에 대한 문제는 70년대에 생각할 수 없었던 탁월한 주제의식이다.

SF의 다음 계보는 고유성, 김형배로 이어진다. 고유성은 <혹성로봇 델타>, <번개 기동대>, <로보트 킹> 등의 작품을 창작하며 고군분투한 국내 SF의 적자(嫡子)다. 고유성의 <로보트 킹>은 메인 로봇이 일본 만화의 메커닉 디자인을 그대로 도용했다는 약점을 갖고 있지만 국내에 열악한 로봇 만화의 수준을 개척한 작품으로 평가받고 있다. 메인 로봇의 디자인만 제외하고는 고유성의 창작 스토리로 진행된 <로보트 킹>은 한국 SF의 잊혀진 고리 중의 하나다.

김형배는 애니메이션을 각색한 만화로 SF에 발을 들여놓은 뒤 스페이스 활극이나 스페이스 밀리터리물을 주로 발표했다. <최후의 바탈리온>은 히틀러가 살아남아 지구의 평화를 위협한다는 가상의 설정을 적용한 작품이다.

<20세기 기사단>과 <21세기 기사단> 연작은 지구의 평화를 위협하는 적에 맞서 소년들로 구성된 평화의 기사단의

활약상을 그린 작품이다. 이런 밀리터리 SF는 이후 <고독한 레인저>로 계승되었다. 또한 김형배의 다른 작품인 우주를 배경으로 한 스페이스 오페라 <우주해적 사이코>, <우주탐정 갤럭시>, <우주묵시록> 등은 당대에 인기를 얻었던 작품들이다.

90년대 들어 김형배는 <헬로! 팝>에서 현실을 배경으로 한 SF를 시도하기도 했다. 주로 역사극화를 창작한 방학기가 1980년에 발표한 <타임머신>은 SF 걸작 중 한 편이다. '타임머신'이라는 익숙한 설정을 기본으로 여러 과학적 사실과 역사적 설정을 어드벤처 스타일로 그려낸 작품이다. 무엇보다 '인간'에 대한 따뜻한 정이 빛을 더한 작품이다.

80년대 최고의 인기작가였던 이현세는 1988년 『아이큐 점프』 창간호에 <아마게돈>을 연재하며 SF에 도전하기도 했다. <아마게돈>은 인류의 기원을 컴퓨터로 설정하여 다른 인류가 지구에 침입하고 그에 맞서 싸우는 주인공의 이야기를 담았다. 큰 인기를 얻었음에도 불구하고 특별한 창의력을 보이지 않았던 작품으로 우리나라 SF의 수준을 보여주는 작품이다.

성인용 만화로 발표한 <아바돈>은 유전공학을 이용한 살인사건을 다룬 SF물이다. 한편, 80년대를 대표하는 또 다른 작가인 허영만은 SF 활극 <망치>를 연재했다. 작품의 시작은 <미래소년 코난>풍의 멸망한 지구를 배경으로 하고 있지만 허영만 특유의 유머감각이 살아 있는 작품이다.

90년대 들어 젊은 작가들이 등장했다. 이들은 할리우드 SF 영화나 일본 SF 애니메이션을 보고 자라난 세대였다. 1989년 발표된 김준범의 데뷔작 <기계전사 109>는 사이보그와 계급 차별, 사랑의 문제 등을 그린 작품이었다. 디스토피아풍 설정과 인간의 압제에 맞서 스스로 사이보그임을 자각하고 해방전선을 결성해 투쟁에 나선다는 이야기다.

이태행은 꾸준히 SF를 창작한 보기 드문 작가다. <헤비메탈 6>으로 밀리터리한 SF를 발표한 이후 1998년부터 『주니어 챔프』에 연재하기 시작한 <타임시커스>를 통해 SF 장르의 높은 완성도를 보여주었다. 박무직의 단편을 통해 국산 SF 만화의 가능성을 보여준 작가다. <L.T.U>는 시간과 우주여행 그리고 '진느'라는 변형균류의 이야기를 그린 작품으로 시간을 거슬러 오르는 사랑의 의미를 그리고 있다.

80~90년대 SF의 또 다른 맥은 여성작가들에 의해 이어졌다. 황미나가 소년지에 연재한 <파라다이스>, SF 판타지 <다섯 개의 검은 봉인>, 로맨틱 SF <레드문> 등은 여성작가가 표현할 수 있는 정서상의 세심한 배려가 어떻게 SF와 어울리는지를 잘 보여주었다. 특히 무려 단행본 18권으로 완간된 <레드문>은 시그너스의 '태양' 필라르가 시그너스를 구원하는 장대한 스토리다.

여성작가들이 창작한 SF의 선두주자는 강경옥의 <별빛속에>다. 1987년 발표되기 시작한 <별빛속에>는 평범한 지구인 소녀로 살아온 신혜가 어느 날 외계 카피온의 왕녀 시이라

젠느의 삶을 살게 된 이야기. 우주와 계급, 그리고 인간과 존재의 문제에 대해 접근한 걸작으로 아직까지 많은 독자들의 사랑을 받고 있다. 이어 1988년 『르네상스』에 연재한 <라비헴 폴리스>는 가상의 도시 '라비헴 시티'에 거주하는 경찰 히이야 리안, 라인 킬트를 주인공으로 하여 SF적 설정을 이용한 휴먼 드라마를 보여주었다.

1992년 『나나』에 연재한 <팬탈 + 샌달>에서 아동용 코믹 SF를 그리고 1993년부터 2001년까지 『윙크』에 연재한 <노말시티>에서 남과 다른 나의 정체성의 문제를 그려내고 있다. 역사 만화를 주로 그린 김혜린의 유일한 SF 연작 <아라크노아>는 1992년 『르네상스』에 연재된 연작 만화. 역시 SF적 설정을 배경으로 인간의 문제에 대한 진지한 접근이 돋보인다. 김진의 <푸른 포에닉스>도 우주를 배경으로 SF의 관습을 충실히 재현한 작품이다. 우주전쟁이라는 테마[18]를 통해 인간의 모습을 충실히 그려내고 있다.

90년대 SF를 꾸준히 발표한 대표적인 작가는 이유정이다. 이유정은 디스토피아의 상상력과 미소녀 섹슈얼리티를 작품 속에 펼치면서 연이어 매력적인 SF를 발표했다.

<아시안>은 현대와 과거의 모습으로 착색된 미래의 이야기다. 아시아인들에게만 기생하는 바이러스가 돌고, 웨스턴(서양인)들은 아시안들을 도시에서 몰아내고 살육한다. 웨스턴들은 비밀리에 아시안들과 싸우기 위한 생체병기인 바이시안을 개발하고, 아시안들은 웨스턴들에 맞서 싸운다. <아시안>의

기본적인 골격은 디스토피아의 근미래, 인간에 의한 인간의 착취, 생체병기, 구식무기, 피가 튀는 혈투 등 익숙한 것들로 이루어져 있다. <가물치전>은 늘씬한 다리와 하얀 팬티로 대표되는 섹슈얼리티와 새로운 생명체와 분리되는 생체라는 SF적 설정을 접목시킨 작품이다.

<MOON>은 달에서 시작된 이야기다. 지구는 정체불명의 거대로봇에게 공격을 받는다. 거대로봇은 닥치는 대로 파괴하고 살육한다. 인류는 달에 생존의 터를 잡았고, 달에 모인 인류의 지도자들(<신세기 에반게리온>의 '제레' 같은)은 인류를 구하기 위해 영원의 아이 프로젝트를 시행한다.('네르프' 같은 조직에서) 주인공 지타는 영원의 아이를 위한 소모품으로 연구소 같은 조직에 들어온다.

이처럼 이유정은 자신의 작품을 통해 SF의 다양한 측면에 도전하고 있다. 이 밖에 90년대 SF의 소중한 성과로 권교정의 <제멋대로 함선 디오티마>나 서문다미의 <END>를 꼽을 수 있다.

미국 : 슈퍼 히어로 장르

서구의 연구자들은 근대 만화의 시작을 윌리엄 호가드(William Hogarth)의 사실주의적 판화, 프랑스의 민속 그림 형식의 전통적 채색 판화인 에피날 판화나 석판화 등에서 보여주는 민중적 이야기, 로돌페 퇴퍼(Rodolphe Toppfer)의 <자보

씨 이야기(Histoire de M. Jabot, 1833)>, 빌헬름 부슈(Wilhelm Bush)의 <막스와 모리츠(Max & Moritz, 1865)>, 찰스 헨리 로스(Charles Henry Ross)의 <앨리 슬로퍼(Ally Slopper, 1867)> 등을 꼽는다.

19세기 후반 서구 사회가 대중사회로 접어들며 대중매체가 등장하자 근대 만화가 탄생한 것이다. 종교개혁, 시민혁명 이후 탄생한 근대 신문은 19세기부터 상업적 대중지로 변모하기 시작했다. 신문에 광고가 도입되고 많은 독자들에게 소구하기 위해 편집이 도입되었다. 삽화가 게재되었고, 컬러에 큰 글자가 사용되었다. 그리고 만화가 지면을 타기 시작했다.

20세기 초반 미국에서 만화는 첫걸음을 떼기 시작했다. 리처드 펠튼 아웃코트(Richard Felton Outcault)는 1902년 「뉴욕 헤럴드(New York Herald)」에 <버스터 브라운(Buster Brown)>을, 1905년 윈저 맥케이는 <잠의 나라의 리틀네모(Little Nemo in Slumberland)>를, 1907년 버드 피셔(Bud Fisher)는 「샌프란시스코 크로니클(Sanfrancisco Chronicle)」에 <머프와 제프(Muff & Jeff)>를, 1910년 조지 헤리먼(George Herriman)은 「뉴욕저널」에 <크레이지 캣(Krazy Kat)>을 실었는데, 이들 작품은 대중에게 큰 사랑을 받으며 만화를 성공적으로 정착시켰다.

1910년대에 이르러 미국에서는 상업적인 일간지와 잡지에 만화를 공급하는 신디케이트(syndicate, 배급기업)가 출현하기 시작했다. 신디케이트의 탄생으로 미국의 모든 일간지와 잡지는 만화를 연재할 수 있게 되었다.

근대적 형식의 만화가 탄생된 지 불과 수십 년이었지만, 그동안 만화는 사회·경제적인 변화의 급류를 타고 진보의 최전선에서 대중들과 조우했던 것이다.

신디케이트를 통해 배급된 만화들은 많은 대중에게 인기를 얻으며 새로운 엔터테인먼트로 자리잡았다. 이 시기에 우리에게도 익숙한 만화들(<타잔>, <뽀빠이>, <블론디>, <딕트레이시> 등)이 탄생했다. 이 만화들은 신문이나 잡지의 한정된 지면을 벗어나 컬러 단행본 책으로 출판되어 독자들의 사랑을 받았다.

특히 이들 만화는 할리우드의 장르 영화처럼 다양한 장르로 분화되었다. 모험물, SF, 코미디, 탐정물, 웨스턴에 이르기까지 만화가 보여주지 못한 장르는 없었다. 1930년대 미국은 세계에서 만화가 최초로 대중들의 사랑을 받은 시기였던 것이다. 그런데 이 시기는 바로 미국의 대공황기와 정확히 일치한다. 만화는 대공황기의 상처받은 대중들에게 환상과 모험을 통해 스펙터클을 경험하게 했고, 승리를 통한 성취감을 맛보게 했다.

SF 장르를 본격적으로 발전시킨 나라는 미국이다. 19세기 후반부터 등장한 펄프 매거진은 SF를 대중화시킨 주요한 매체다. 할리우드 영화와 펄프 매거진의 만화는 대공황기 대중들의 상처를 위로하며 대중문화의 시대를 개척했다. 휴고우 건스백(Hugo Gernsback)이 <놀라운 이야기들(Amazing Stories)>(1926)을 연재하기 시작, 펄프 매거진들을 통해 SF를 대중화시키기 시작한 지 겨우 몇 년 뒤 이 장르의 독창적인 코드들을 나름대로 차용한 최초의 만화들이 등장하기 시작했다.

가장 널리 알려진 만화 주인공 몇 명만 인용하자면 벅 로 저스(1929)에 이어 브릭 브래드포드(1933), 플래시 고든(1934) 이 있고, 이어서 독특한 주제와 스타일을 가진 이야기들(후 일 스페이스 오페라라고 불림)이 그 뒤로 길게 줄을 서게 되었 다.[19]

미국의 SF 만화 중 첫 번째 히트작은 알렉스 레이먼드(Alex Raymond)가 1934년도에 발표한 <플래시 고든(Flash Gordon)> 이다. 주인공 플래시 고든은 우연히 우주선을 타게 되고 몽 고라는 행성에 도착한다. 이곳에서 플래시 고든은 사악한 황제에 맞서 싸운다. 은하계에서 펼쳐지는 SF물이다. 유니 버설 스튜디오는 이것을 13부작 시리즈의 영화로 제작하기 도 했다.

다양한 장르가 활화산처럼 폭발한 30년대 최후의 승자는 신화에 등장하는 초인들의 힘을 SF적 설정에 옮긴 슈퍼 히어 로물이었다. 슈퍼 히어로물의 시대를 화려하게 연 작품은 제 리 시겔(Jerry Siegel)이 글을 쓰고 조 슈스터(Joe Shuster)가 그림 을 그린 <슈퍼맨>이다. 1933년 처음으로 구상된 이후 무려 5년 동안 출판사에서 퇴짜를 맞은 <슈퍼맨>은 1938년 6월 『액션 코믹스』 창간호에 처음으로 등장하게 되었다.[20]

<슈퍼맨>이 크게 히트한 이후 SF적 설정을 담은 슈퍼 히 어로물이 미국 만화를 점령했다. 초록빛 안개로 변신하는

<어메이징 맨(Amazing Man)>, 알약을 삼켜 초능력을 얻은 <블루 비틀(Blue Bettle)>, 깊은 바닷속에 사는 <서브머리너 (Submariner)>, 슈퍼맨의 가장 강력한 라이벌인 <캡틴 마블 (Captain Marvel)>, 방사선에 쏘인 거미에 물려 손에서 거미줄 을 쏘는 거미인간이 되어버린 <스파이더맨(Spider-man)>, 밤 에만 활동하는 <배트맨(Batman)> 등의 작품이 크게 인기를 얻으며 후속 시리즈로 이어졌다. 이 밖에 영화로 제작되어 우 리에게 낯익은 만화로 <탱크걸(Tank Girl)>, <블레이드 (Blade)>, <스폰(SPAWN)>. <저지 드래드(Judge Dred)> 등 이 있다. <슈퍼맨> 이후 미국 주류 만화를 장악한 슈퍼 히어 로물은 두 거대출판사인 DC와 마블을 통해 미국 시장을 장악 했다.

만화에서 시작해 할리우드 영화에 상상력을 제공한 슈퍼 히어로 장르는 가장 전형적인 장르 만화로 관습에 무척 충실 한 장르다. 이들 만화의 매력은 멋진 히어로가 지구를 구하기 위해 싸우는 권선징악의 액션이지만 그것을 넘어서는 다채로 운 재미로 크로스오버와 유니버스 개념을 꼽을 수 있다.

크로스오버란 개성을 지닌 슈퍼 히어로가 다른 작품에 등 장하는 방식을 말한다. 초창기 슈퍼 히어로들이 인기를 얻고 그 수도 늘어남에 따라 팬들은 두 영웅끼리 싸우거나 만나면 어떻게 될 것인가를 궁금해하는 팬이 많았고, 마블 코믹스의 전신인 타임리 코믹스는 1940년에 Marvel Mystery Comics #9 를 통해 타임리의 두 슈퍼 히어로인 서브마리너와 휴먼토치를 만나게 했다.

그후 같은 해에 DC 코믹스는 타임리보다 한 발 더 나아가 올스타 코믹스를 통해 아예 자사가 갖고 있는 12명의 슈퍼 히어로들을 한데 묶어 저스티스 소사이어티 오브 아메리카(Justice Society of America: JSA)라는 팀을 구성해 모든 슈퍼 히어로들을 같은 세계관 아래 한데 묶어버린다. 이후 크로스오버는 계속 이루어지게 되고 DC 유니버스, 마블 유니버스 등의 세계관이 생기게 된다.[21]

일본 : 거대로봇 장르와 사이버 펑크

일본은 SF장르를 가장 다채롭게 발전시킨 나라다. SF는 다양한 장르와 만나 합종연횡하며 혼성교배 장르를 만들어냈다. 일본 만화가 탄생시킨 여러 장르 중 가장 일본 만화다운 장르는 거대로봇물과 사이버 펑크 장르다.

'로봇(Robot)'이라는 단어는 체코의 극작가 차페크가 1920년 자신의 희곡 『로섬의 인조인간』이라는 작품에서 '일하다'라는 단어의 체코어 '로보타(robota)'를 변형해 처음으로 사용했다. 초기 '로봇'이라는 단어의 개념은 '자동기계(Automatic machine)'와 같은 것이었다.

그러나 이 새로운 단어는 '자동으로 노동하는 기계'의 개념을 뛰어넘어 인간이 소유할 수 없는 거대한 힘을 소유한 욕망과 힘의 코드로 사용되었다. 로봇은 힘과 욕망의 상징으로, 새로운 병기로, 정의의 수호자로 우리 앞에 나타났다. 그리고 그것으로 끝인가?

일본 거대로봇 장르의 뿌리는 1918년에 제작된 실사영화 <인간탱크(人間タンク)>로 거슬러 올라간다. 성전(聖戰)에 나선 강철황군(鋼鐵皇軍)은 패전 후 전쟁의 도구에서 지구의 평화를 지키는 '평화의 사도'로 새롭게 탄생했고 일본 소년들의 패전 콤플렉스를 치유해주었다.

만화에서 로봇은 정의를 지키기 위한 정의로운 싸움을 하지만, 로봇의 존재 이유는 바로 '싸움'을 위해서이다. 조종기에 의해 움직이는 초기 거대로봇인 <자이안트 로보>, <철인 28호>(요코야마 미츠데루), 주인공이 탑승해 움직이는 <마징가 Z>(나가이 고), 그리고 완벽한 병기의 개념인 모빌슈트 건담과 로봇이 아닌 로봇 에바에 이르기까지 모든 로봇은 싸우기 위해 존재한다. 화려한 전투장면, 거대한 강철끼리의 부대낌, 화려한 무기를 동원한 싸움. 로봇의 '싸움'은 거대로봇 장르를 즐기는 주수용자층인 소년들의 무의식 속에 정의와 평화는 '싸움'을 통해서 지키는 것이라는 남성적 담론을 학습시킨다. 소년들은 강함에 대한 미덕을 배우고 스스로 가부장제 사회에 편입해간다. 강한 소년과 남성형 로봇이 지구를 지킨다는 70년대 거대로봇 장르의 담론은 남성 중심 사회를 반영하는 것이기도 하다.

<신세기 에반게리온>의 동물적 디자인이 등장하기 전까지 로봇의 모습은 철저히 '남성형'이었다. <철완 아톰>(데즈

카 오사무)의 주인공 '아톰'은 귀여운 소년의 모습을 하고 있었으며, 거대로봇물의 시초인 <철인 28호>의 로봇 '철인 28호'는 귀여운 소년의 모습을 하고 있는 '아톰'과 달리 힘을 상징하는 강철 병정의 모습으로 디자인되었다. 제2차세계대전 당시 구일본군이 비밀리에 개발한 '인간형 철인'의 완성형 버전인 '철인 28호'는 로마 병정의 투구에 빛나는 눈, 그리고 강철로 만들어진 육체에 비행을 위한 추진기를 매달고 있다. 과학적으로는 도저히 전투에 걸맞지 않은 인간형 로봇은 강인한 군인의 대명사인 '로마 병정'의 모습을 하고 있었다.

이 강철 병정은 조종사가 외부에서 리모트 콘트롤을 이용해 조종해 움직이는데, 철인 28호의 조종사는 놀랍게도 불과 10세가 안 된 소년 쇼타로다. 1950년에 출생한 쇼타로는 1958년부터 철인 28호로 지구상의 범죄조직에 대항해 정의의 싸움을 시작한다. 쇼타로는 겉으로 보기에는 초등학교 2학년에 불과한 9세의 반바지 소년이지만 철인 28호의 조종기를 소유함으로써 거대한 힘의 상징은 철인 28호와 동일시된다. 인간형 로봇에 정의로운 소년이 투영되며 TV를 지켜보는 비슷한 또래의 시청자들은 동시에 로봇을 소유하게 되고 힘을 소유하게 된 것이다. 요코야마 미츠데루는 마법소녀물인 <요술공주 새리>에서 장르의 주수용자인 소녀들을 향해 '마법(魔法)'이라는 초월적인 힘을 소유하게 했다.[22]

<철인 28호>와 <요술공주 새리>는 모두 수용자들의 꿈을 이루어주는 '힘'에 대해 다룬 작품인데, 소년들에게는 거대

한 강철 병정을 소유하게 했고 소녀들에게는 마법이라는 초현실적인 힘을 소유하게 했다. 소년들은 강철 병정이라는 유형의 힘을 통해 현실에서의 지배 방식에 길들여지고, 소녀들은 마법이라는 무형의 힘을 통해 현실에서 이탈해간 것이다. <자이언트 로보>는 조종기로만 움직이지 않고 스스로 사고하며 조종사와 소통하는 차이를 보인다. 이를 통해 거대로봇은 단순한 강철 병기가 아니라 거대한 남성적 힘의 상징물로 자리잡을 수 있었다.

30대 혹은 20대 후반의 만화 1세대들에게 가장 깊은 각인을 남긴 로봇 만화는 '마징가 시리즈'다. <마징가 Z>와 <그레이트 마징가>, <게타로보> 등의 시리즈로 구성되어 있다.

고대 미케네인의 유산인 거대로봇을 손에 넣은 헬 박사(닥터 헬)는 세계정복의 야망을 위해 일본을 침략한다. 헬 박사가 일본을 첫 정복지로 택한 이유는 일본에는 무한한 가능성을 숨기고 있는 광자력(光子力) 에너지와 무적의 '초합금 Z'를 지닌 광자력 연구소가 있기 때문이다. 그리고 이러한 사실을 예견한 가부토 박사는 헬 박사에 대항하기 위해 로봇 '마징가 Z'를 완성하고 가부토 박사의 손자 가부토 코지는 세계의 운명을 걸고 헬 박사의 기계수 군단과 맞서 싸운다.

지금 보면 너무나 일반적이지만 당시로서는 파격적인 설정이었던 작품이 마징가 시리즈다. 이 작품의 재미와 혁신은 로봇 마징가에서 시작해, 마징가에서 끝난다. 첫 번째, 사실 과학적으로 타당성이 전혀 없는 거대한 인간형 로봇이지만 초합금 Z와 같은 몇 가지 요소를 등장시켜 과학적 타당성을 부여했다. 광자력 연구소는 과학적 타당성을 뒷받침하는 그럴 듯한 소도구로 등장한다. 두 번째, 지구의 평화를 위해 자신의 모든 것을 바치고 전투에 임하는 열혈 소년 파일럿을 등장시켰다. 내가 왜 싸워야 하는가에 대한 고민 없이 이들은 전투에 임한다. 이런 가부토 코지의 모습은 회사를 위해, 사회를 위해 자신의 모든 것을 바치는 일본인들(혹은 우리들)의 자화상이었다. 세 번째, 열혈 소년은 거대한 로봇에 탑승해 적을 무찌른다. 적어도 초합금 Z로 구성된 로봇이라면 조종사를 보호하는 시스템은 기본일 터인데, 로봇의 고통은 그대로 파일럿에게 전이된다. <철인 28호>나 <자이안트 로보>의 로봇과 파일럿은 정서적으로 연결되어 있는 데 비해 <마징가 Z>의 로봇과 파일럿은 육체적으로도 연결되었다. 네 번째, 탑승과 기동 그리고 필살기와 비행의 패턴들을 완성시켰다. 파일럿이 로봇에 탑승하는 장면은 마징가 시리즈가 보여준 가장 큰 매력이었다. 일인용 비행기에 탑승해 연구소 풀장으로 가면 풀장의 물이 갈라지며 마징가 Z가 떠오르고 마징가 Z의 머리에 날개를 접어 안착한다는 설정이나, 과학요새의 비밀 출입구로 나가 비행기에 탑승해 그레이트 마징가의 머리에 안착하면 조종석이 90도 회전한다는 설정은 매우 매력적인 탑승 장면이었다. 기동 또한 마찬가지다. 적이 보내는 강력한 신병기에 맞서 갖가지 전략을 응용하며 싸우는 장면은 다양한 무기들과 어우러지며 소년들을 사로잡았다. 가장 나중에 구사하며 적을 한

방에 보낼 수 있는 강력한 필살기와 과학적 고증을 무시한 폼나는 제트 스크랜더를 이용한 비행까지 마징가 시리즈는 이후 여러 로봇물에 완성된 포맷을 제시했다.

애니메이션으로 먼저 방영된 <기동전사 건담> 시리즈는 거대한 힘을 소유한(마징가 Z를 만든 가부토 박사는 손자 가부토 코지에게 마징가 Z를 보여주며 "신도 악마도 될 수 있다."고 말했다) 로봇에서 순수한 머신으로 사용되는 로봇으로 로봇의 개념을 180도 변화시켰다.[23] 거대로봇 만화에는 어느 작품에도 지구를 침입하는 악의 세력에 맞서는 '열혈 주인공'이 등장한다. 그러나 건담에는 대중에게 호소하는 TV 아니메 시리즈의 가장 달콤한 소구 포인트인 '열혈'과 '근성'이 제거되어 있다. 악의 세력에 맞서 당연히 출격하고 자신의 모든 것을 걸어 지구를 지키는 거대로봇의 파일럿과 달리 건담의 파일럿들은 자기 파괴적이기까지 하다. 거대로봇물에서 지구를 침공하는 세력, 나와 반대되는 세력은 당연히 '악한 편'이었다.

그러나 <기동전사 건담>은 이분법적 편 가르기를 하지 않는다. 따라서 다양한 스토리에 깊이 있는 전개가 가능했다. 일본 만화와 애니메이션을 통해 완성된, 그리고 지금도 수없이 많은 작품에서 계승되는 로봇은 '인격'을 지닌 거대한 남성적 힘의 상징이다.

데즈카 오사무가 작품 속에서 설정한 로봇의 발달사는 다음과 같다. 1947년에 원자력에 의해 움직이는 초소형 전자계산기(컴퓨터)가 발명되고 1978년 전자뇌를 발명한다. 이것을 개량해 금속제 로봇에 장착한 것이 1982년이고 같은 해 플라스틱에서 인조피부를 발명하여 로봇에 장착해 사람과 유사한 로봇을 만들게 된 것이 1987년이다. 이때부터 세계 여러 나라에서는 자국의 로봇 기술을 숨기기 시작했다. 로봇은 날로 진보해 인간에 가까워져 말도 할 수 있고, 화를 내고, 웃을 줄도 아는 인간형 로봇으로 발전했다. 일본의 과학성에서는 연간 5천 개의 로봇을 만들어냈고 이들은 인간과 함께 학교에서 공부도 하게 되었다. 2003년, 로봇에게도 법률이 생겼다. 로봇법률 1조는 "로봇은 인간을 행복하게 하기 위해 태어났다."이며, 13조는 "로봇은 인간을 죽이거나 해쳐서는 안 된다."이다.[24]

로봇은 인간을 행복하게 하기 위해 태어났다고 규정된 로봇법이 공포된 2003년 4월 7일, 과학성에 근무하는 천재 과학자 텐마 박사에 의해 아톰은 태어난다. 텐마 박사는 자신의 아들 토비가 교통사고로 죽자 과학성의 일류 기술을 동원해 아톰을 제작한다. 처음에는 어색했지만 텐마 박사가 끝없이 아톰에게 "너는 인간이다."는 것을 주입시켜 서서히 정서를 지닌 로봇으로 성장해갔다.

그러나 아톰은 아무리 세월이 지나도 자라지 않는다는 결정적인 약점이 있었고 서커스단에 팔려가 버렸다. 그후 아톰은 오차노미즈 박사에 의해 서커스단에서 나와 아버지와 어머니, 동생을 갖게 되지만 여전히 '인간을 행복하게 하기 위해 태어난' 한계를 숙명적으로 안고 살아간다.

데즈카 오사무가 제시한 로봇의 개념을 사이보그라는 독특한 개념으로 재생산한 작가는 이시노모리 쇼타로다. 이시노모리 쇼타로는 <사이보그 009>를 통해 인간 개조의 테크놀로지를 보여주었다. 미소 강대국에 의한 핵무기 경쟁에 의해 지구가 온통 핵병기로 가득 차게 되자 무기상인들은 성층권에서 전쟁을 할 수 있는 사이보그를 개발하게 된다. 프랑스, 중국, 미국, 소련, 일본 등에서 사람을 납치해 특성에 맞게 개조해 001에서 008까지 실험체를 만들고 이 결과로 보다 완벽한 009를 만든다. 009는 인공두뇌를 장착하고, 무선통신기와 인공 청각기, 평광 렌즈눈에 인공심장과 인공폐, 인공위에 에너지 탱크와 변환장치를 소유한 개조인간이다. 요코야마 미즈데루의 <바벨 2세>에도 사이보그의 개념이 등장한다. 바벨 2세와 싸우는 요미는 히말라야의 지하 실험실에서 인체 개조를 통한 개조인간을 만들어 세계 지도자들을 자신의 개조인간으로 바꾸어 세계를 정복하려고 한다.

우리에게 종종 인조인간이라고 번역되는 사이보그(cyborg)는 사이버네틱스와 오가니즘(organism)의 합성어로서 사이버네틱스의 원리에 따라 제작된 기계-유기체를 의미한다. 인조인간은 가장 발달된 사이보그라고 할 수 있다(홍성태 엮음, 『사이보그, 사이버컬처』, 문화과학사, 1997).

사이보그는 테크놀로지를 통해 전지전능의 욕망에 도달하고자 하는 욕망의 키워드다. 그래서 많은 만화에서 사이보그는 인간의 육체로는 불가능한 일들을 '스스로' 수행한다. 로봇이라는 테크놀러지가 '조종'과 '조작'에서 자유로울 수 없는 데 비해, 사이보그는 자율성을 지닌다. 육체이탈과 생체분리의 이데올로기는 인간의 육신을 제거하고 재조합, 배치해 육체의 한계를 끌어올리는 사이보그를 통해, 사이보그에 의해서 구현된다.

<브레임>(니헤이 츠토무)에서 생전사의 지하 감옥에 도달한 키리에가 만난 주임과학자 시보는 상반신에 거의 해골만 남은 채 겨우 목숨을 유지하고 있었지만, 새로운 몸으로 교환하고 위험에 빠진 키리에를 구해준다. 사이보그는 육신이 병들어 죽음에 도달하는 자연의 법칙을 자신에게 부여된 테크놀로지를 통해 극복한다. 그래서 <은하철도 999>(마츠모토 레이지)의 철이는 그렇게 애타게 기계 몸이 되기를 원한 것이다. 그러나 테크놀로지에 기대 전능함을 획득하는 사이보그 이데올로기는 자연의 한계를 극복하는 이면의 위험성을 보여준다(철이도 메텔과 함께 999호를 타고 메가로폴리스로 가는 여행을 통해 스스로 성장해 결국은 기계 몸에 대한 미련을 극복한다).

테크놀러지를 통해 전지전능함을 얻은 줄 알았던 사이보그는 가상의 공간을 통해 자아를 상실해버리고 마는 취약성을 드러낸다. 키시로 유키토의 <총몽>에서 이드가 고철더미에서 주워온 갈리는 '기갑술'이라는 고대의 무술을 익힌 선천적 파이터다. 갈리는 천하무적의 사이보그 미카쿠를 무찌르고, 모터볼에서 최고의 기량을 선보이며, 괴물로 부활한 자팡을 제압할 정도의 힘을 소유하고 있다. 그야말로 천하무적이다. 그런 갈리가 노바 교수와의 결전에서 맥없이 무너지고 만다.

노바 교수는 갈리의 감각 시스템에 침입, 전자 꿈을 꾸도록 유도해 최강의 적들과 싸우게 만든 것이다. 이 꿈이 갈리의 정신력에 의해 무력화되자 노바 교수는 다시 행복한 꿈을 꾸게 만든다. 갈리의 정신이 꿈에서 깨어나지 못하는 순간 전능한 힘을 소유한 사이보그의 육체는 무력해진다. 바로 이 지점에서 디스토피아의 공포를 그리는 사이버 펑크 장르가 탄생한다.

인간과 기계의 경계가 붕괴된다는 사실은 인간에게 있어 독점적 지위를 위협받는 도전으로 받아들여진다. 그리고 그 도전은 기계에 의한 종말이라는 디스토피아적 불안감을 동반한다. 사이보그 테크놀로지가 발전할수록 인간들은 '기계에 의한 종말'이라는 불안을 갖게 된다. 이 공포는 『프랑켄슈타인』에서부터 시작된 뿌리깊은 것이다.

테크놀로지에 의한 공포의 출현 양식을 <브레임>을 통해 읽을 수 있다. <브레임>의 주인공 키리에는 네트워크에 접속할 수 있는 '네트단말유전자'를 지닌 인간을 찾아나선다. 유전자를 찾아나선 이유는 없다. 다만 그렇게 입력되어 있을 것으로 판단된다. 그리고 무작정 아래에서 위를 향해 올라간다. 그들이 살아가는 세계는 거대한 직선의 건축물들이다. '건설자'란 이름의 로봇은 프로그램대로 건축물을 세우고 수리한다. 사람들이 모여 사는 거주지역도 있다. 그들은 통치국이나 세이프 가드에게 위협당하고 학살당하기도 한다. 이들이 어떻게 생겨났고 왜 사는가와 같은 존재에 대한 해답은 없다. 죽이는 것도 살아 있는 것도 특별한 이유가 없다. <브레임>은 이처럼 모호하다. 명쾌한 것은 진행되는 이야기에 따라 생존해 나가는, 그리고 네트단말유전자를 찾아 공간을 거슬러 올라가는 키리에뿐이다. <브레임>에는 명확함이 존재하지 않는다. 캐릭터도, 이야기도, 설정도, 배경도 모두 모호하다. 어디서 어떻게 이야기가 시작된 것이고 끝날 것인지 아무도 짐작할 수 없다. 가상현실이 현실이 되고, 시간의 축이 뒤틀어지고, 공간이 재배치되며, 인간이 지닌 모든 이성적 판단이 붕괴된 세상을 그리고 있다. 종말에 대한 공포는 이런 것일지도 모르겠다. 하늘에서 강림하는 공포의 대왕보다 세계에 대한 정보가 상실되어버린 세상이 훨씬 더 무섭다. 테크놀로지에 기대 살아가는 우리들에게 '정보의 상실'만큼 무서운 종말의 풍경은 없다.

이러한 공포는 테크놀로지에 대한 우리의 잠재적 공포에 뿌리를 두고 있다. 빼어난 과학기술을 소유한 미친 과학자들은 기술의 공포에 대한 선연한 메타포다. 그것은 은유가 아닌 직유로 존재하며 우리의 공포를 제거한다. 수많은 만화에서 미친 과학자들의 반대편에 선한 과학자들이 있다고 말하기 때문이다. 그들은 지구를 지키고, 우리나라를 지키고, 미국을 지키며, 일본을 지킨다. 테크놀로지에 의한 공포는 테크놀로지로 극복되는 것이 슈퍼 히어로 장르의 특징이라면, 최근에 등장하는 SF 만화는 공포의 본질을 감추면서 본질적인 공포를 이끌어낸다.

일본 SF 만화 장르를 대표하는 거대로봇 장르와 사이버 펑크 장르는 각각 남성적 욕망을 상징하는 장르와 과학기술에 대한 공포를 상징하는 상반된 경향을 지니고 있다. 구원의 상징은 로봇이 미래의 파괴자가 되는 양면적인 경험, 핵에 의한 패전이라는 공포를 안고 있는 일본의 상상력이 만들어낸 장르의 풍요로움이다.

장르 만화의 정착을 위해

　많은 사람들이 한국 만화계의 총체적 불황을 이야기한다. 맞는 말이다. 불황이다. 하지만 그 불황의 원인을 정확하고 객관적으로 짚는 사람은 많지 않다. 매우 막연하게 '불황'이라고 이야기한다. 이를테면, 분명 실체는 있지만 그 실체가 모호한 '불황의 유령'에 지배당하고 있는 것이 우리 만화계의 현실이다. 하지만 불황이라는 그 유령의 배후를 바라보면, 만화에 대한 천박한 인식이 똬리를 틀고 있다. 비단, 일반 대중의 인식뿐만 아니라 만화를 이끌어가는 사람들조차도 만화에 대해 철저한 분석과 연구를 통해 문제를 적시하기보다는 다분히 감정적으로 문제를 열거한다. 그래서야 어디 해결이 되겠는가?

　오랜 시간 동안 출판 만화계는 수세적인 입장에서 예전의 패러다임을 답습하는 데 급급했다. 만화에 대한 인식이 변화하고, 만화산업에 대한 다양한 시도가 있었음에도 불구하고 만화가나 출판인, 학계나 연구자들은 연대의 틀을 만들어내지 못했다. 만화에 대한 적극적인 연구나 기초적인 자료조사조차 이루어지지 못했다. 반성해야 할 일이다.

정부의 지원을 이끌어내기 위해서는 상업 시스템을 통해 제작되고 유통되는 장르 만화에 대한 적극적인 연구가 필요하다. 그러나 그간 만화의 장르는 하나의 '분류' 정도로만 인식되었다. 장르의 구분조차도 내용적 구분과 수용자 중심의 구분이 혼재되어 있다. 만화에서 장르는 영화의 장르와 같은 역할을 한다.

영화에서 장르는 내러티브를 중심으로 형성된다. 마찬가지로 만화에서 장르도 내러티브를 중심으로 형성된다. 장르 만화는 형식상의 구분이라기보다는 내러티브 중심의 접근이다. 장르 만화는 제작-판매-평가의 시스템이 필요하다. 상업적인 시스템 없이 존재할 수 없는 것이다. 근대 만화 출현 이후 상업 만화는 제작 및 유통 시스템과 함께 발전했다. 만화의 제작 및 유통 시스템은 형식 및 내러티브의 특징을 공유하는 장르 만화를 낳았고, 독자들은 장르의 관습을 통해 만화를 소비했다. 소비를 통한 독자의 평가는 다시 장르 만화의 제작과 유통을 규정했다. 그래서 상업 만화에서 장르 만화는 만화 제작자, 독자, 작가의 사회적·미적 감수성을 반영한다.

미국 만화는 1930년대 만화 전문출판사와 가판대 판매를 통해 발전했고, 일본 만화는 1950년대~1960년대 잡지를 통해 발전했다. 반면, 한국 만화는 장르 만화 형성 초기 독점적 대본소 시스템으로 인해 장르 만화의 고도화를 이루지 못했다. 1970년대에는 잡지를 중심으로 명랑 만화, 1980년대에는 대본소를 중심으로 스포츠 만화 등 한두 개의 장르만 기형적으로 발전했는데 80년대 후반, 일본의 장르 만화 시스템의 근간인 잡지 시스템을 도입하면서 한국 만화도 급속히 장르 만화로 이행되었다. 그러나 장르 만화의 정점에 올라선 인기작품(<슬램덩크>, <드래곤볼>)의 대중적 호응에 근거한 장르 만화의 정착은 안정적이고 대중적인 소비라는 장르 만화의 기본적 토대를 충족시키지 못했다.

불완전한 장르 만화의 토대는 일본 장르 만화와 모양만 닮은 한국산 장르 만화를 양산했다. 잡지 시스템의 정착을 이끌어온 일본산 인기 장르 만화의 연재가 종료되자마자 독자들은 잡지에서 이탈하기 시작했다. 모양만 닮은, 미숙한 내러티브와 장르 만화적인 기획 부족 및 출판사의 적극적인 마케팅이 부재한 상태에서 우리나라의 장르 만화는 독자들을 작품으로 끌어당기는 강력한 원심력을 유지하지 못했다. 때맞춰 우리나라에는 만화를 빌려볼 수 있는 대여점이 동네마다 등장했고, 독자들은 잡지를 구매하기보다 장르 만화적인 완성도를 갖춘 일본 만화를 대여점에서 빌려보기 시작했다. 잡지에 연재된 작품에 대한 독자들의 두근거리는 기대는 컨벤션에 기초해 서스펜스를 적절히 조절하는 완성된 내러티브를 갖춘 장르 만화에서 나오는 것이다. 그러나 우리의 장르 만화는 일본 장르 만화의 겉모습만을 닮아갔다. 캐릭터의 형태, 개그 애드리브의 스타일만을 답습했지 장르에 대한 철저한 탐구에 기초한 완성도 있는 내러티브는 갖추지 못했다.

한국 만화 시장 침체의 주요한 원인 중의 하나는 장르 만화의 불완전한 정착이다. 이는 제작-판매-평가 시스템의 왜곡으로 이어졌고, 우리나라 만화의 기획, 마케팅, 유통 과정에서의 고질적 문제를 낳았다. 그러나 이런 분석은 역으로 장르 만화의 안정적인 정착이나 장르 만화에 뿌리를 둔 다양한 기획 및 마케팅의 기회를 제공하려는 노력으로 이어질 수 있다. 만화 시장 침체를 극복하고 만화 콘텐츠를 확산시키기 위해서 장르 만화에 대한 다양한 논의가 필요한 시점이다.

(이 책은 2001년 서울애니메이션 센터의 연구저술부문 사전제작 지원을 받은 원고를 초안으로 해서 재작업된 것입니다.)

주

1) 김준오 『문학사와 장르』, 문학과 지성사, 2000, pp.15-42.

2) Schatz, Tomas, "Hollywood Genres", New York: McGraw-Hill, Inc, 1981, 한창호, 허문영 역, 『할리우드 장르의 구조』, 한나래, 1995, p.24.

3) 르네 프레날, 『세계영화 100년사(Histoire du Cine'ma)』, 김희균 역, 이론과 실천, 1999, p.147.

4) Schatz, Tomas, 같은 책, p.24.

5) Schatz, Tomas, 같은 책 p.43.

6) 박성봉 편역, 『대중예술의 이론들』, 동연, 1994. p.89.

7) '18금(禁)'은 '18세 미만불가'를 뜻하는 약어다. 18금 만화와 아니메(애니메이션)는 일본을 대표하는 문화상품이기도 할 정도로 다양하며 풍부하다. 일본의 성인 만화는 시리토 산페이의 사무라이 극화와 이후 나가이 고의 작품을 통해 발전되었지만, 최근 18금 만화는 거의 대부분 하드코어한 장면이 등장하는 만화를 뜻한다. 만화와 달리 애니메이션은 1983년 OVA가 등장하며 활성화되었다. OVA는 극장 개봉이나 TV 방영 없이 판매용으로 제작되는 애니메이션을 뜻하며 최초의 OVA는 토리우미 히사유키의 원작을 바탕으로 오시이 마모루가 감독한 묵시록적 SF <달로스>였다. 그러나 OVA는 이후 마니아들을 대상으로 한 작품이 주로 창작되어지며, 다양한 형태의 18금 아니메가 발표되었다. <초신전설 우로츠키 동자>, <크림레몬-아미, 그때부터>, <교내사생> 시리즈나 게임과 콘텐츠를 공유하는 <동급생(同級生)> 등의 작품이 큰 인기를 얻었다.

8) 촉수물은 <우로츠키 동자>에서 시작된다. "1987년 첫 번째 작품인 '초신탄생편'으로 시작되어 '주살편', '지옥편' 등 총 3부작의 OVA가 완성된다. 이 작품의 발매는 일본 내에서 큰 화제를 불러모았다. 여태껏 보지 못했던 화려하면서도 잔인하기까지 한 전투신들은 이 작품에게 최초의 바이올런스 작품이라는 평"을 받게 했다. 더불어 이 작품에 등장하는 촉수는 이후 18금 아니메에 상상력의 원천을 제공했다. <우로츠

키 동자>의 인기는 일본을 넘어서 "3편의 OVA를 편집한 이른바 인터내셔널 극장판이 펜트하우스를 통해 해외로 수출"되기도 했다.(시옷, 「18금 H 아니메 계보 대추적」, 『애니메이션시크리트파일』, 시공사, 2001, p.171.)

9) 성완경, 『성완경의 세계만화탐사』, 2001, 생각의 나무, pp.11-112.

10) 문제는 '이야기'가 아니라 '비트'였다. 청소년들의 입맛에 맞는 빠른 비트를 보유한 만화는 일본 만화였다. 도리야마 아키라의 팬시한 격투물 『드래곤볼』 붐은 80년대 후반을 건너뛰어 90년대로 이어졌다. 『드래곤볼』이 지루한 격투물이 되어갈 쯤 이노우에 다케히코의 「슬램덩크」는 새로운 블록버스터로 떠올랐다. 만화방 작가들에게서 보지 못한 깔끔하고 정교한 연출, 잘 짜여진 에피소드 구성이라는 새로운 비트는 청소년들을 사로잡았다. '비트'를 보유한 새로운 만화는 매달 한두 권씩 출간되는 만화방보다는 매주 작품이 조금씩 연재되는 잡지에 어울렸다. 지금과 같은 분화된 만화잡지 구도(일본식 만화잡지 구도)를 정착시키게 된 계기는 1988년 주간지 『아이큐 점프』가 창간되면서부터 시작되었다. 『아이큐 점프』는 일본에서 일반화된 '주간 소년 만화'라는 새로운 패러다임을 들여왔다. (박인하, 「세상을 향해 다가가는 만화」, 『오늘의 문예비평』, 1999년 여름호)

11) <마계대전>의 작가 김성모는 이 작품의 연재 이후 대여점용 격투 만화를 무차별적으로 생산했다. 그는 수십 권에 이르는 <럭키짱>, <걸푸>, <토네이도> 등을 생산하며 마초적 격투 만화 장르를 개척했으며, 스포츠 신문으로 자리를 옮겨 <대털>과 같은 성인 폭력물을 발표하기도 했다.

12) 소년 만화에서 다룰 수 없는 보다 확대된 주제영역에 접근하는 주목할 만한 청소년 만화의 히트작으로 허영만·박하의 <비트>, 양재현·전극진의 <열혈강호>, 박홍용의 <내 파란 세이버>를 꼽을 수 있다.

13) 박인하, 「여성들과의 아름다운 커뮤니티 순정 만화 이야기」(『윙크』, 2001년 11월 15일자)

14) 청소년 만화는 보통 '영지 만화'라고 불린다. 소년 만화가 연재되는 잡지를 소년지라고 하는 것처럼 청소년 만화가 연재되는 잡지를 영지라고 부르기 때문이다. 그러나 이 글에서는

청소년 만화라는 명칭으로 통일한다.

15) 문학의 장르 구분에서 큰 갈래는 장르를 구성하는 하나의 요소로 받아들여진다. 조동일은 4분법 체계인 서정, 서사, 극, 교술 장르를 통해 큰 갈래를 구분했고, Alastair Fowler는 큰 갈래를 양식(mode)의 개념으로 다루어 비극적, 희극적, 로망스적으로 구분했다. (조동일, 『한국문학통사』 1권, 지식산업사, 1982, p.20, Alsstair Fowler "Kinds of Literature", Claredon Press, 1982, p.236.)

16) 이상홍, 「웃음의 변천사」(『SICAF 2001 공식도록』, 서울문화사, 2001, p.22.)

17) 박인하, 「로봇에 대한 사유」(『민족예술』, 2001년 7월호)

18) 우주전쟁이라는 테마는 <스타워즈>, <은하영웅전설> 등의 작품을 통해 낯익은 SF의 가장 대표적인 테마다. 우주공간을 배경으로 한 활극에 가까운 장르는 스페이스 오페라라는 명칭으로 구분해서 부르기도 한다.

19) 이재형, 「내가 읽은 프랑스 만화」 중에서 인용. (현문출판사 공식 홈페이지 이재형의 칼럼란, http://www.ncomics.co.kr/)

20) "새로 탄생한 슈퍼맨은 외계 출신으로 설정되었습니다. 제리 시겔이 당시의 SF에 자주 등장하던 악당 초인들과 달리 관대한 초인을 구상한 까닭은 따지고 보면 다른 캐릭터들보다 그의 초인이 좀더 매력적이고 독창적이길 바랐기 때문입니다. 같은 맥락에서 그는 의상에도 세심한 주의를 기울였습니다. 몸에 딱 달라붙는 타이즈는 당시 감각으로 보건대 왠지 미래풍으로 보였는데, 사실 그 무렵의 SF 일러스트레이션에서 이런 스타일의 의상은 자주 등장하고 있습니다. 한편 조 슈스터는 동감(動感)을 살리기 위해 이 캐릭터에게 망토를 입혔습니다. 일요판 신문 만화의 색깔을 고려하여, 그들은 슈퍼맨 캐릭터에 기본 색을 사용했습니다. 조 슈스터에 따르면 슈퍼맨의 컬러는 그 무렵 그들이 생각할 수 있는 선에서 최대한 밝은 색상이었다고 합니다. 이 새로운 슈퍼맨을 신비롭게 포장해주는 또 다른 중요한 요소로는 이중적인 아이덴터티의 설정을 들 수 있습니다. 제리와 조는 둘 다 남들로부터 동경을 받고 싶어하는 내성적인 안경잡이 젊은이들이었습니다. 그러한 그들이 선택한 슈퍼맨의 제2자아는 클락 켄트라는 신

문기자였습니다. 당대를 풍미하던 영화배우 클락 케이블을 모델로 삼았다는 이 클락 켄트는 슈퍼맨이란 외계인이 지구인들과 접촉하면서 지구인들을 이해할 수 있게 해주는 창구 역할을 합니다. 배트맨을 위시해 두 얼굴을 가진 슈퍼 영웅들의 캐릭터의 뿌리는 결국 그 시조인 슈퍼맨으로까지 거슬러 올라가는 것이죠. 나아가 이러한 이중 캐릭터는 로이스 레인이란 여기자와 클락 켄트 그리고 슈퍼맨 사이의 삼각 연애관계를 은연중에 암시함으로써 멜로 드라마로서의 구조도 견고하게 만들어주었습니다. (중략) 이 창간호는 발간 시점인 1938년 6월에는 단 돈 10센트에 팔렸으나 최근 들어서는 137,500달러에 거래되고 있다고 하는군요." (고장원, 「슈퍼맨 1- 슈퍼맨의 탄생」, 월간 SF웹진 http://sf.kr21.net/)

21) 곽경신, 「슈퍼 영웅들의 세계, 미국 주류 만화」(카툰넷 http://americancomicnews.com/)

22) 마법소녀물의 주인공은 마법소녀물과 대척점에 존재하는 거대로봇물의 주인공들과 유사하면서도 상이한 점들을 발견할 수 있다. 평범한 소년·소녀가 어떤 계기로 힘을 소유하게 되고 그 힘을 '좋은 일'에 사용한다는 것이다. 그러나 두 주인공 사이에는 명백한 차이가 있다. 소녀를 대상으로 한 마법소녀물의 주인공은 귀엽고 착한 이미지 등을 강조하고 '마법'을 통해 '변신'해 '힘'을 획득하는 데 비해, 거대로봇물의 주인공은 정의롭고 용감한 이미지를 강조하며 '로봇'에 '결합'해 '힘'을 획득한다. 힘을 획득하는 과정만 보더라도 마법소녀물의 주인공들은 '수동적'이고, 거대로봇물의 주인공들은 '능동적'이다. 마법소녀물의 주인공들이 자기 스스로 '변신'하지만, 거대로봇물의 주인공들은 '결합'한다. 이 미묘한 차이는 바로 소년과 소녀에 대한 문화의 차이인 것이다.

구분	마법소녀물의 주인공	거대로봇물(용자물)의 주인공
이미지	귀엽고 착한 이미지	정의롭고 용감한 이미지
키워드	순수, 순진, 귀여움, 밝고 명랑	열혈(熱血), 정의, 용기
힘의 소유	마법을 통해 변신해 힘을 획득	로봇에 결합해 힘을 획득

23) <기동전사 건담>에서는 '로봇'이라는 명칭이 등장하지 않는다. 대신 모빌슈트(Mobile Suit)라는 명칭이 등장한다. '움직일 수 있는 갑옷'이라는 명칭에 걸맞게 모빌슈트의 개념은 그대로 병기에 불과하다. 인격을 갖고 파일럿과 동화되는 로봇과는 다른 개념이라는 말이다. 전자파 파장을 저해해 통신과 레이더를 무력화시키는 미노프스키 입자 산포병기 개발 후 원거리 함대전이 불가능해지자 접근전을 위해 개발한 것이 모빌슈트다. 최초의 모빌슈트는 지온공국의 자크이고, 뒤늦게 지구연방에서 개발한 모빌슈트가 건담이다. 건담은 전차나 전투기처럼 충실히 파일럿과 함께 전투에 임한다. 로봇에서 인격이 제거되자 파일럿이 작품의 중심에 나설 수 있게 되었고 그만큼 '인간'의 이야기가 가능해졌다.

24) 이 로봇법률은 아이작 아시모프와 존 캠벨이 창안한 '로봇 공학의 3원칙(The Three Laws of Robotics)'에 뿌리를 두고 있다. '로봇 공학의 3원칙'은 '제1항, 로봇은 인간에게 해를 입혀서는 안 되며, 인간이 해를 당하는 것을 가만히 보고만 있어서도 안 된다. 제2항, 로봇은 인간의 명령이 제1항에 위배되지 않는 한 복종해야 한다. 제3항, 로봇은 제1항과 제2항에 위배되지 않은 한 자기 자신을 보호해야 한다.'로 구성되어 있다.

장르 만화의 세계

초판발행 2004년 8월 30일 | 2쇄발행 2008년 11월 25일
지은이 박인하
펴낸이 심만수 | 펴낸곳 (주)살림출판사
출판등록 1989년 11월 1일 제9-210호

주소 413-756 경기도 파주시 교하읍 문발리 파주출판도시 522-2
전화번호 영업 · (031)955-1350   기획편집 · (031)955-1357
팩스 (031)955-1355
이메일 book@sallimbooks.com
홈페이지 http://www.sallimbooks.com

ISBN 89-522-0278-3 04080
     89-522-0096-9 04080 (세트)

값 3,300원